Minimum Space Maximum Living
Espace Minimum Expérience Maximale

Minimum Space Maximum Living
Espace Minimum Expérience Maximale

Philip Jodidio

Published in Australia in 2006 by
The Images Publishing Group Pty Ltd
ABN 89 059 734 431
6 Bastow Place, Mulgrave, Victoria 3170, Australia
Tel: +61 3 9561 5544 Fax: +61 3 9561 4860
books@images.com.au
www.imagespublishing.com

Copyright © The Images Publishing Group Pty Ltd 2006
The Images Publishing Group Reference Number: 681

All rights reserved. Apart from any fair dealing for the purposes of private study, research, criticism or review as permitted under the Copyright Act, no part of this publication may be reproduced, stored in a retrieval system or transmitted in any form by any means, electronic, mechanical, photocopying, recording or otherwise, without the written permission of the publisher.

National Library of Australia Cataloguing-in-Publication entry:

Jodidio, Philip.
Minimum spaces maximum living M2.

Includes index.
ISBN 1 86470 120 X.

1. Space (Architecture). 2. Interior architecture.
3. Room layout (Dwellings). I. Title.

747.8831

Edited by Aisha Hasanovic

Designed by The Graphic Image Studio Pty Ltd, Australia
www.tgis.com.au

Digital production by Splitting Image Colour Studio Pty Ltd Australia

Printed by Paramount Printing Company Limited Hong Kong

Included on www.imagespublishing.com is a page for news and updates to the information contained in IMAGES' books. It may contain updated information regarding this book.

Every effort has been made to trace the original source of copyright material contained in this book. The publishers would be pleased to hear from copyright holders to rectify any errors or omissions.
The information and illustrations in this publication have been prepared and supplied by the entrants. While all reasonable efforts have been made to source the required information and ensure accuracy, the publishers do not, under any circumstances, accept responsibility for errors, omissions and representations express or implied.

Contents
Sommaire

8	Introduction
12	3773 Studio
14	4x4 House
22	50-square-metre Apartment
24	Adobe Museum
26	Algeco Casse-Tête House/Algeco Maison casse-tête
28	Algeco Drop House
30	Alpine Hut
34	Apartment, Paris
36	Atelier Sheep Pen
40	Billboard Building
44	Container House
50	Dash Dogs
54	Discreet City
56	Drewes Apartment/Appartment Drewes
60	Ecoms House
64	Elemental Housing
68	Florence Lowey Bookshop/Librarie Florence Lowey
72	H Retreat House
76	House Elba
80	House Lina
84	Lodge Retreat House
90	Loftcube
92	Luna di Miele Omotesando Building
96	m-house
100	M-House
106	Micro Compact House

Contents continued
Sommaire (suite)

110	Mill House
116	Mini-Loft
118	Pixel House
122	Point Zero
124	Poustinia, Glencomeragh House Retreat Centre/ Poustinia, Centre de retraite de Glencomeragh House
128	Rettig Apartment/Appartment Rettig
130	Rooftecture H
132	Rooftecture S
136	Room for Art
140	Rucksack House
144	SDFG Apartment/Appartment SDFG
146	Se(eh)station
148	Shingle House
154	Sienna Apartments
156	Standard Chartered Bank Pavilion
160	Su-Si House
162	Town House
168	Vacation Residences/Résidences de vacances
174	Walden-Wilson Studio
176	Weekend House
178	Whitepod
180	Y Atelier
184	Index
188	Photography Credits
188	Acknowledgments

Introduction

By Philip Jodidio

It may well be that a small space is a greater challenge to an architect than larger volumes. Where a residence is concerned, numerous functions, some of them private and some public, must be provided for. How does one make room for a bed, a living room, a kitchen and a bathroom within 30 square metres, for example – and above all how, can these very different spaces be blended together without interference or inefficiency?

The difficulties are often compounded by the correspondingly small budgets allotted to limited spaces. This book seeks to give an overview of the ways in which talented architects solve the problems and create original solutions. Not all of the projects presented in this book are residential – there are bank facilities, a museum, a jewellery shop, and even a small tower located in Tokyo, but what they have in common is that their total floor area is no more than 100 square metres.

A number of Japanese projects are presented. The Japanese are very sensitive to issues of space, particularly in their dense and expensive urban environments. There are also a number of prototype designs, intended either for movable residences, or to make a point about architecture. The inventive Dutch architect Maurice Nio proposes a very small, almost amorphous houseboat, which could be anchored where such homes are strictly forbidden – his point being that Dutch housing regulations are too strict and not conducive to intelligent innovation.

Whether it be English Retreat Homes, the French Algeco modular houses, or Richard Horden's technologically advanced Micro-House, the ideas presented here correspond to societies where a consciousness of design quality can indeed be satisfied on a limited budget. The point here is not just how to cram oneself into a small space, but how to do so in style and if necessary, on a shoestring. Solutions for small modular houses are explored by such talented figures as the Japanese architect, Hiroshi Hara and the Dutch master of computer design, Kas Oosterhuis. In both cases, they have proposed low-cost housing for Latin America that may also serve in other areas.

par Philip Jodidio

Il est fort possible qu'un espace restreint constitue un plus grand défi pour un architecte que des volumes plus importants. Lorsqu'il s'agit d'une résidence, de nombreuses fonctions, certaines privées et d'autres publiques, doivent être prévues. Comment peut-on faire de la place pour un lit, une salle de séjour, une cuisine et une salle de bains lorsqu'on ne dispose que de 30 mètres carrés, par exemple – et surtout, est-il possible de fusionner ces espaces très différents sans interférence ni inefficacité ?

Les difficultés sont souvent aggravées par les budgets proportionnellement plus petits affectés à des espaces limités. Ce livre fait un tour d'horizon des procédés utilisés par des architectes de talent pour résoudre ces problèmes et créer des solutions originales. Tous les projets présentés dans ce livre se sont pas résidentiels – il présente également un service bancaire, un musée, une bijouterie et même une petite tour située à Tokyo, mais le facteur commun est que leur superficie totale ne dépasse pas 100 mètres carrés.

Un certain nombre de projets japonais sont présentés. Les Japonais sont très sensibles aux questions d'espace, en particulier dans leurs environnements urbains denses et coûteux. Il y a également plusieurs projets prototypes conçus soit pour des résidences mobiles, soit pour présenter un point de vue sur l'architecture. L'architecte néerlandais Maurice Nio propose un très petit house-boat, presque amorphe, que l'on pourrait mettre à l'ancre là où de telles habitations sont strictement interdites – son point de vue étant que les règlements de construction néerlandais sont trop stricts et peu propices à une innovation intelligente.

Qu'il s'agisse des maisons de retraite anglaises, des maisons modulaires françaises d'Algeco ou de la Micro-House à la pointe de la technologie de Richard Horden, les idées présentées ici correspondent à des sociétés où il est possible d'obtenir un design de qualité avec un budget limité. Il ne s'agit ici pas seulement de s'entasser dans un espace restreint mais de le faire avec du style et, au besoin, avec des moyens très limités. Des solutions pour de petites maisons modulaires sont

Whether high in the mountains like Sofia de Meyer's Whitepod geodesic tents, or Fürhimann and Hächler's Alpine Hut, or in the midst of a metropolis, there are reasons for limiting space requirements that become more pressing and more evident as issues such as population density and ecological sensitivity are increasingly taken into account. German architects Werner Aisslinger and Stefan Eberstadt just added a structure onto an existing building, to be used either as viable living spaces, or as artistic commentaries on architecture itself. Aisslinger's Loftcube concept aims to take advantage of the numerous rooftops in excellent locations, particularly in urban areas. Eberstadt's Rucksack House is more of a strap-on invitation to think about space and its limitations.

Small spaces are also born of multiple-use ideas – what can one do with a parking spot? Build a studio above it, as Yoko Matsumura did with her Atelier Sheep Pen in Tokyo, and as Johnston Marklee did with his attractive Walden-Wilson Studio in California. Small spaces can vary from the trivial to the spiritual – from a treehouse like Andreas Wenning's Se(eh)station to the more substantial Poustinia, built by Bates Maher in County Tipperary, Ireland. Here, austerity and small size rhyme as in a monk's cell. A small space can thus be invested with a spiritual content, through the will of the architect, undoubtedly combined with that of the client.

Another master architect has consistently shown that large spaces are certainly not essential in conveying meaning and a sense of place. Tadao Ando's 4x4 House in Japan looks out onto the waters that cover the epicentre of the Great Hanshin Earthquake that devastated Kobe in 1995. For Ando and his client, this view of natural beauty carries a message about the terror and destruction that nature can wreak on architecture. With simple forms, concrete and very small floor areas, the 4x4 House is a testimony to the power of the architect to make space, whether small or not, ripe with meaning.

explorées par des personnalités de talent comme l'architecte japonais Hiroshi Hara et le maître hollandais de la conception par ordinateur, Kas Oosterhuis. Tous deux ont proposé des logements à bon marché pour l'Amérique latine qui pourraient également servir dans d'autres régions.

Que ce soit haut dans les montagnes, comme les tentes géodésiques de Sofia de Meyer ou le Refuge alpin de Fürhimann et Hächler, ou au cœur d'une métropole, il y a des raisons de limiter les exigences en matière d'espace qui deviennent plus pressantes et plus évidentes à mesure que l'on tient de plus en plus compte de questions comme la densité démographique et la sensibilité écologique. Les architectes allemands Werner Aisslinger et Stefan Eberstadt ont simplement ajouté une structure à un bâtiment existant, destinés à servir d'espace vital viable ou de commentaires artistiques sur l'architecture en soi. Le concept du Loftcube d'Aisslinger vise à tirer parti des nombreux toits-terrasses bien situés, en particulier dans les régions urbaines. La Rucksack House d'Eberstadt est plutôt un ajout après coup qui nous invite à réfléchir à l'espace et à ses limitations.

Les petits espaces sont également nés d'idées d'aménagement polyvalent – par exemple, que peut-on faire avec une place de stationnement ? Construire un studio au-dessus, comme l'a fait Yoko Matsumura avec son Atelier Sheep Pen à Tokyo, et comme l'a fait Johnston Marklee avec son attrayant Walden-Wilson Studio en Californie. Les petits espaces peuvent aller du banal au spirituel – d'une cabane dans un arbre comme la Se(eh)station d'Andreas Wenning, à la plus substantielle Poustinia, construite par Bates Maher dans le comté de Tipperary, en Irlande. Ici, l'austérité et l'exiguïté vont de pair comme dans une cellule de moine. Un petit espace peut ainsi être empreint d'un contenu spirituel, par la volonté de l'architecte indubitablement combinée à celle du client.

Un autre maître architecte a démontré à maintes reprises que les grands espaces ne sont pas du tout indispensables pour communiquer sa pensée et une impression d'espace. La Maison 4x4 de Tadao Ando,

Small spaces may be the best argument for calling on the talents of an architect. Through the mastery of materials or light, an architect who knows his business can exploit space, and make it serve several purposes. It is intentional that some of these small spaces are very 'domestic,' or familiar and others are decidedly more sophisticated in their purpose and design. Small spaces can be invested with a great variety of meanings and aesthetic moods – the more talented the architect, the greater the range of possibilities.

The young Swiss architect Philippe Rahm has designed his small vacation houses for the Lake of Vassivière in France with goals other than a simple exploitation of economic reality. He has concluded that architecture is often made up of unspoken conventions – like those that dictate that temperature and humidity must at all times be 'temperate' in a modern building. He wilfully transgresses this convention to manipulate the levels of humidity in these houses – from Sahara-dry to jungle-humid. Thus it is not only the architecture that will shape these small spaces, it is the very air that clients breathe. These are the small spaces of infinite possibilities – a modest selection of the variety of ways to deal with space, time and architecture.

au Japon, donne sur les eaux qui couvrent l'épicentre du grand séisme de Hanshin qui a dévasté Kobe en 1995. Pour Ando et son client, cette vue de la beauté naturelle fait passer un message sur la terreur et la destruction que la nature peut infliger à l'architecture. Avec des formes simples, du béton et de très petites surfaces au sol, la Maison 4×4 témoigne de la capacité de l'architecte d'insuffler un sens à l'espace, qu'il soit grand ou petit.

Les petits espaces sont peut-être la meilleure raison de faire appel aux talents d'un architecte. Par sa maîtrise des matériaux ou de la lumière, un architecte qui connaît son métier sait exploiter l'espace et le faire servir à plusieurs usages. Certains de ces petits espaces sont délibérément très « domestiques » ou familiers, tandis que d'autres sont résolument plus raffinés quant à leur usage et leur conception. Les petits espaces peuvent être empreints d'une grande variété de sens et d'humeurs esthétiques – plus l'architecte est talentueux, plus les possibilités sont nombreuses.

Le jeune architecte suisse Philippe Rahm a conçu ses petites maisons de vacances pour le lac de Vassivière en France dans d'autres buts qu'une simple exploitation de la réalité économique. Il a conclu que l'architecture comprend souvent des conventions inexprimées – comme celles qui dictent que la température et l'humidité doivent toujours être « tempérées » dans un bâtiment moderne. Il transgresse délibérément cette convention pour manipuler les niveaux d'humidité dans ces maisons – qui varient de la sécheresse saharienne à l'humidité de la jungle. Ainsi, ce n'est pas seulement l'architecture qui façonne ces petits espaces, c'est l'air même que les clients respirent. Les espaces dont il est question ici sont les petits espaces des possibilités infinies – une modeste sélection des différentes façons d'aborder l'espace, le temps et l'architecture.

Projects
Projets

3773 Studio

Mar Vista, California, USA   DRY Design

This new 59-square-metre studio and bathroom replaces an existing 37-square-metre garage. It was created by DRY Design partners John Jennings and Sasha Tarnopolsky for their own use. Existing timber from the old garage was used to create new structural supports, while homasote panels, made primarily from recycled newsprint clad the interior walls. Conscious of environmental issues, the architects used decomposed granite to replace lawn surfaces outside the building. As the architects explain, 'The studio is comprised of a series of vertical trays. The lower tray is poured concrete and houses most of the programme. The middle tray is a plywood loft hung from the roof trusses. The upper tray will be completed in the next phase, and will contain a roof deck and garden formed by a "saddle" fitted to the roof parapet.' A full bathroom, including indoor and outdoor showers can be reached through two exterior doors. Large doors were intentionally used to permit the structure to be easily converted back into a garage if necessary.

Ce nouveau studio et salle de bains de 59 mètres carrés remplace l'ancien garage de 37 mètres carrés. Il a été réalisé par les partenaires John Jennings et Sasha Tarnopolsky de DRY Design pour leur usage personnel. Le bois de construction de l'ancien garage a servi à créer de nouveaux supports structuraux, et les murs intérieurs ont été revêtus de panneaux d'isolation phonique Homostoe fabriqués essentiellement à partir de papier journal recyclé. Soucieux de l'environnement, les architectes ont utilisé du granit décomposé pour remplacer les pelouses à l'extérieur du bâtiment. Comme l'expliquent les architectes, « Le studio est composé d'une série de plateaux verticaux. Le plateau inférieur est en béton armé et abrite la majeure partie du programme. Le plateau du milieu est un loft en contreplaqué suspendu aux fermes. Le plateau supérieur sera aménagé pendant la phase suivante et contiendra un toit-terrasse et un toit jardin formés par un « porte-à-faux » fixé au parapet du toit. » Une salle de bains complète, comprenant une douche intérieure et une douche extérieure, est accessible par deux portes extérieures. On a intentionnellement utilisé des portes larges afin de pouvoir réaménager la structure en garage, le cas échéant.

4x4 House

Kobe, Hyogo, Japan   Tadao Ando Architect & Associates

This powerful and simple new house is set on a beachfront site just 65 square metres in size. The building covers only 23 square metres and has a total floor area of 118 square metres. It is a four-storey tower with a 4x4-metre plan. An entrance space and bathroom are located on the ground floor, while the second level includes a bedroom. A study is on the third floor. The uppermost floor, includes the living room and kitchen, and is designed on the same grid, but its volume is shifted one metre in the direction of the sea vis-à-vis the lower levels. The 4x4 House was built four kilometres from the epicentre of the 1995 Great Hanshin Earthquake that devastated Kobe. As the architect says, 'The landscape framed within this cube is a panorama sweeping over the Inland Sea, Awaji Island and the Akashi Kaikyo Bridge where thoughts and memories of the earthquake are embedded, for both the client who makes a living in this region as well as for myself.'

Cette nouvelle maison, puissante et simple, est implantée sur un terrain au bord de la plage d'une superficie d'à peine 65 mètres carrés. Le bâtiment n'occupe que 23 mètres carrés et a une surface de plancher totale de 118 mètres carrés. C'est une tour à quatre étages avec un plan de 4x4 mètres. Un espace d'entrée et une salle de bains sont situés au rez-de-chaussée, tandis que le second niveau comprend une chambre à coucher. Au troisième niveau, il y a un bureau. Le dernier étage comprend une salle de séjour et une cuisine et a été conçu selon la même grille de construction, mais son volume est déplacé d'un mètre en direction de la mer par rapport aux niveaux inférieurs. La Maison 4x4 a été construite à quatre kilomètres de l'épicentre du grand séisme de Hanshin qui a dévasté Kobe en 1995. Comme le dit l'architecte, « le paysage encadré à l'intérieur de ce cube est un panorama qui décrit une large courbe sur la mer Intérieure, l'île Awaji et le pont Akashi-Kaikyo, qui sont imprégnés des pensées et des souvenirs du séisme, tant pour le client qui gagne sa vie dans cette région que pour moi-même. »

16

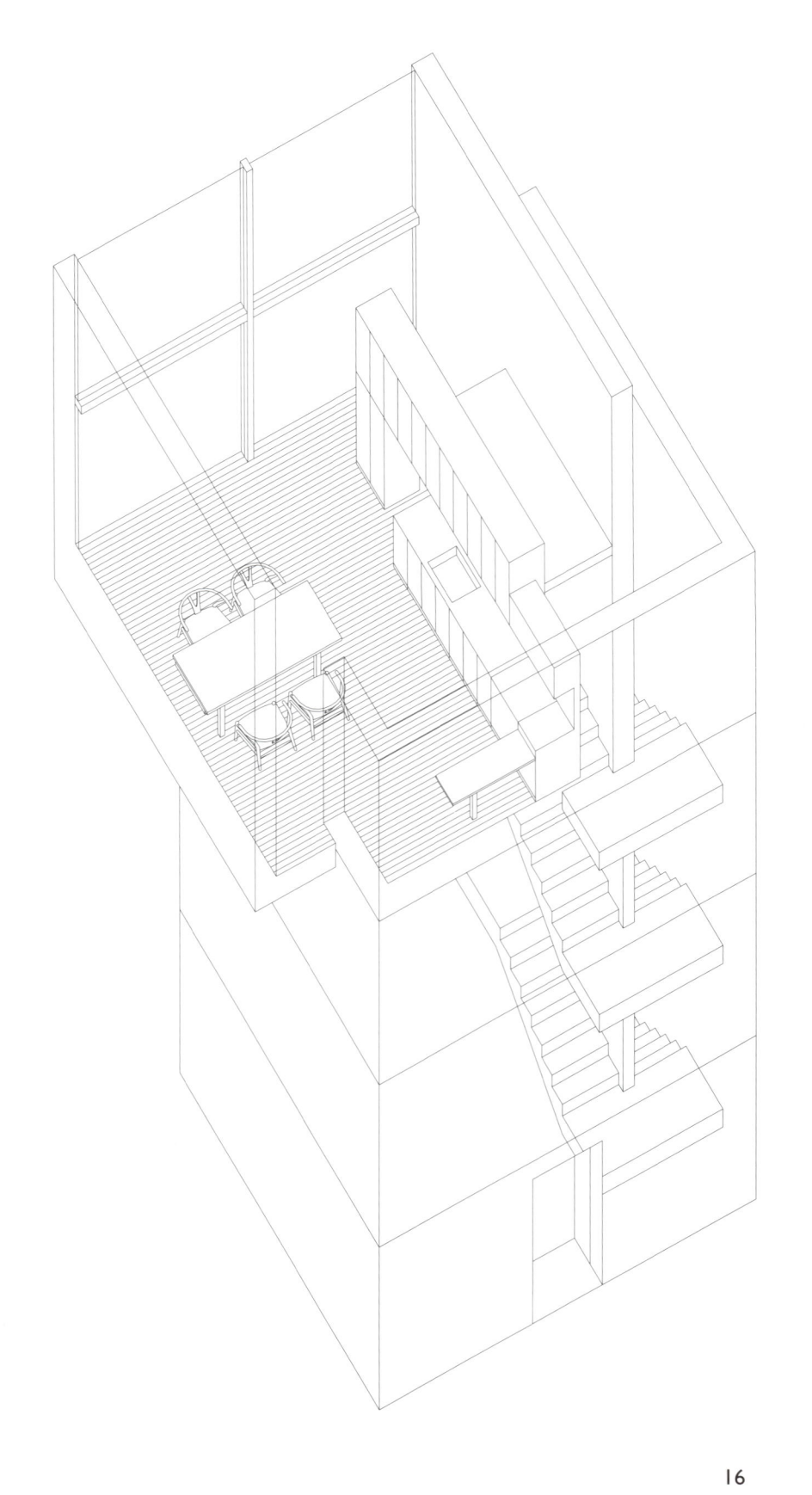

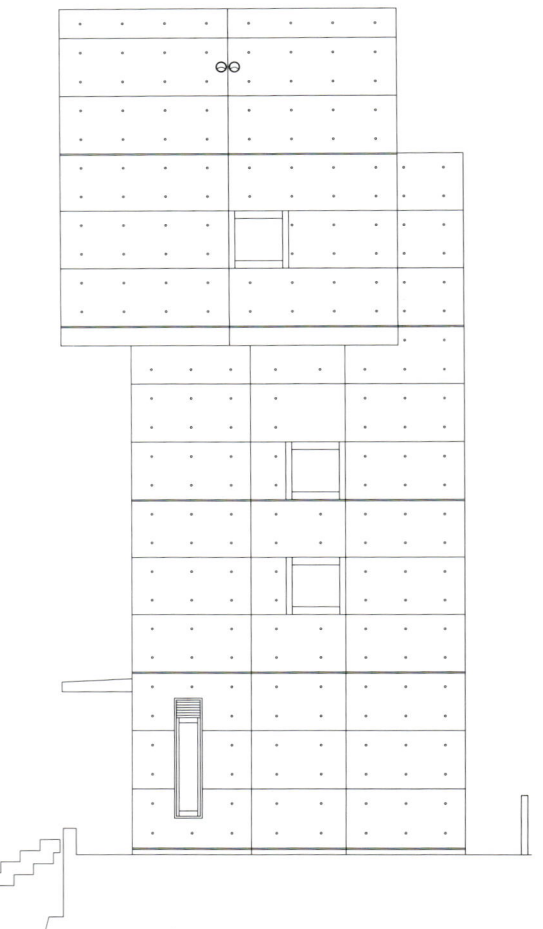

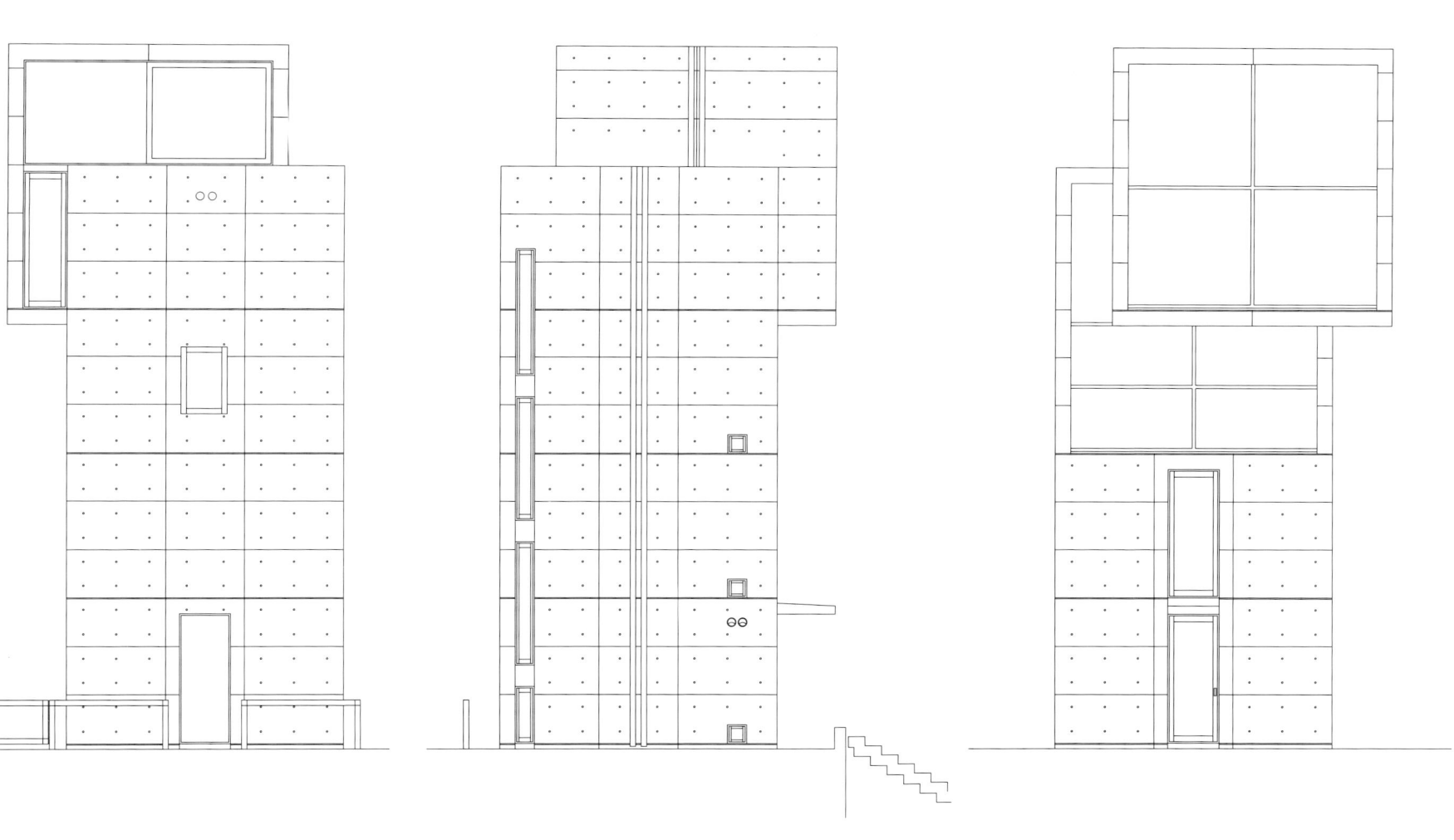

50-square-metre Apartment

New York, New York, USA   Alexander Gorlin Architects

This case-study design for a 52-square-metre space done for *The New York Times*, enhances and modernises a one-bedroom apartment located in an Art Deco building close to Grand Central Terminal in New York. Numerous original 1930's fixtures, such as the metal casement windows and radiators were retained in the process of renovation. 'The key is to enhance the possibilities of the space – not force some notion on it,' explains Alexander Gorlin. The main structural change involves a large double-pivot door that opens up half of one of the bedroom walls to connect with the living room. When open, the space from the front hall to the living room, to the bedroom is continuous, creating a 'loft-like feeling.' The original closet-sized kitchen has been opened and expanded into the living room. Wood parquet floors are replaced by large slabs of grey Italian limestone, while Afromosia, a dark tropical wood, is used to clad the main wall in the living room.

Cette conception d'étude de cas pour un espace de 52 mètres carrés réalisée pour le *New York Times*, améliore et modernise un appartement avec une chambre à coucher situé dans un immeuble art déco, à proximité du Grand Central Terminal à New York. De nombreux aménagements originaux des années 1930, comme les fenêtres à châssis métallique et les radiateurs ont été préservés dans le processus de rénovation.« Le secret, c'est d'enrichir les possibilités de l'espace – et non pas de lui imposer telle ou telle notion », explique Alexander Gorlin. La principale modification structurale a consisté à faire communiquer une grande porte à double pivot, qui ouvre la moitié d'un des murs de la chambre, avec la salle de séjour. Lorsqu'elle est ouverte, l'espace compris entre l'entrée et la salle de séjour, jusqu'à la chambre à coucher, est continu, ce qui donne l'impression d'être dans un loft. La cuisine originale, qui n'était guère plus grande qu'un placard, a été ouverte et prolongée pour la fusionner avec la salle de séjour. Les parquets ont été remplacés par de grande dalles de calcaire gris italien, et on a utilisé de l'afro(r)mosia, bois brun tropical, pour revêtir le mur principal de la salle de séjour.

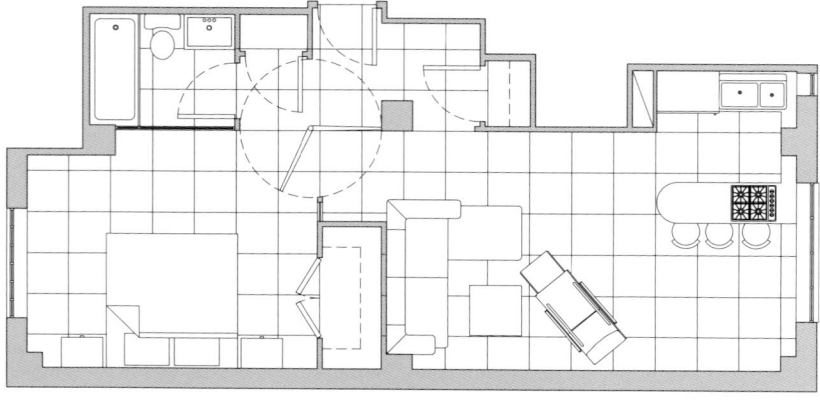

Adobe Museum

Toyoura, Toyoura-gun, Yamaguchi, Japan **Kengo Kuma & Associates**

With just 63 square metres of floor area, this one-storey museum for a wooden Buddha (an Amida Tathagata from the Heian period) is seven-and-a-half metres high. Perimeter walls near the site were made using the ancient *hanchiku* technique that relies on pouring a mixture of local earth and straw into a wooden frame mould. The architect decided that it would be best to do the same for the museum. The sun-dried *hanchiku* blocks are similar to adobe used by North American Indians. Openings between the blocks allow light and air to filter into the space. Indoor humidity is naturally controlled with this construction material. Kuma concludes, 'Utilising means inherent in the given environment, we not only contextualise the material but create a dialogue between built and natural form.' With one glass wall that allows people outside to see the Buddha, the structure is actually the result of a compromise with cultural authorities keen to protect the sculpture. A concrete structure underlies the *hanchiku* blocks.

Occupant une surface au sol d'à peine 63 mètres carrés, ce musée à un étage destiné à un Bouddha en bois (Amida Tathagata de la période Heian) a 7,5 mètres de haut. Les murs d'enceinte à proximité du site ont été fabriqués au moyen du procédé ancien du *hanchiku* qui consiste à verser un mélange de terre et de paille locales dans un moule en bois. L'architecte a décidé qu'il était préférable de faire de même pour le musée. Les briques de *hanchiku* séchées au soleil sont similaires aux adobes utilisés par les indiens d'Amérique du Nord. Des ouvertures entre les blocs permettent à la lumière et à l'air de filtrer dans l'espace. L'humidité intérieure est régulée naturellement par ce matériau de construction. Kuma conclut : « En utilisant des moyens inhérents au milieu donné, nous ne contextualisons pas seulement le matériau mais nous créons un dialogue entre les formes construite et naturelle ». Comportant un mur en verre qui permet aux visiteurs à l'extérieur de voir le Bouddha, la structure est en fait le résultat d'un compromis avec les autorités culturelles soucieuses de protéger la sculpture – une structure en béton sous-tend les briques de *hanchiku*.

Algeco Casse-Tête House
Algeco Maison casse-tête

Portable Home Augustin Rosenstiehl – Pierre Sartoux

The first-prize winner of the contest organised by the French firm Algeco for temporary housing (see the runner-up project Algeco Drop House), the Casse-Tête (literally meaning 'head-breaker' but more prosaically 'puzzle' or 'conundrum') was designed for a programme of 16 residences ranging between 68 and 97 square metres, to be situated near the Saint-Denis Canal and the Stade de France with the price per house limited to €100,000. The modular system allows for far more aesthetic variations than normal kit housing, whence the name of the project. By playing on surfaces and colours, the architects allow for an even greater impression of variety. In a sense, taking on a design of this nature, involving strict manufacturing standards and tightly controlled budgets might be considered more of a challenge for an architect than a much larger high-budget project.

Projet primé du concours organisé par la firme française Algeco pour les logements temporaires (voir le deuxième projet choisi, la Drop House d'Algeco), la masion casse-tête (au sens de puzzle ou d'énigme) a été conçue pour un programme de 16 résidences mesurant entre 68 et 97 mètres carrés à implanter près du canal Saint-Denis et du stade de France, pour un prix par maison plafonné à 100 000 €. Le système modulaire utilisé permet beaucoup plus de variations esthétiques que les maisons en kit standard – d'où le nom du projet. En jouant sur les surfaces et les couleurs, les architectes créent une impression encore plus grande de variété. Dans un sens, accepter un projet de cette nature, impliquant des normes strictes de fabrication et des budgets rigoureusement contrôlés, pourrait être considéré comme un plus grand défi pour un architecte qu'un projet beaucoup plus important à budget élevé.

Algeco Drop House

Portable Home   Cordier, Gelez, Charles and Néouze

One of the winners of a competition organised Serge Dassault in partnership with the housing and the leading European worksite office firm Algeco, the Drop House by architects Cordier, Gelez, Charles and Néouze is designed to be fitted and decorated in a factory. As the developers state, 'By industrialising 95 per cent of the various trades involved, the concept ensures total control over the worksite along with clear quality, technical and economic criteria. A shorter construction site timeframe offers a major benefit; the Modular House can be installed on site in just a few hours, after which it is immediately habitable.' The challenge here has been to make a modern, comfortable house that can be easily manufactured and transported.

Un des projets primés dans un concours organisé par Serge Dassault en association avec la société Algeco, leader européen de la construction de bureaux de chantier, la Drop House des architectes Cordier, Gelez, Charles et Néouze, a été conçue pour être aménagée et décorée à l'usine. Comme le disent les promoteurs, « En industrialisant 95 pour cent des divers métiers impliqués, le concept assure un contrôle total du chantier ainsi que des critères clairs en matière de qualité, de technologie et d'économie. Un calendrier plus court pour les travaux en chantier offre un avantage considérable ; la Maison Modulaire peut être installée sur le site en quelques heures à peine, après quoi elle est immédiatement habitable. » Le défi, ici, a été de concevoir une maison moderne et confortable facile à fabriquer et à transporter.

Alpine Hut

Blattistafel, Switzerland Andreas Fuhrimann/Gabrielle Hächler Architekten

The architects converted a 200-year-old alpine hut that had not been in use for 50 years, for use by an art collector. As the architects explain, 'The aim was to expose the existing qualities of the anonymous and unassuming functional building and to show them to their best advantage. The wonderful, secluded location and the perfectly proportioned hut, standing on its timber supports, have a magical air that had to be preserved.' The façade was changed only in order to add doors and windows. A mixture of traditional and modern fittings was used for the windows, ceilings, floors and chimney. Fourteen-centimetre-thick wood planks were used, rendering supplementary insulation unnecessary. Locally quarried stone blocks were added to the kitchen, bathroom and the former larder.

Les architectes ont transformé un refuge alpin bicentenaire qui n'était plus utilisé depuis une cinquantaine années à l'intention d'un collectionneur d'oeuvres d'art. Comme l'expliquent les architectes, « Le but était d'exposer les qualités existantes de ce bâtiment fonctionnel anonyme et sans prétention. Le merveilleux endroit retiré et le refuge aux proportions parfaites, reposant sur ses supports en bois, ont un air magique qu'il fallait préserver ». Le seul changement apporté à la façade a été d'y ajouter des portes et des fenêtres. Un mélange de garnitures traditionnelles et modernes a été utilisé pour les fenêtres, les plafonds, les planchers et la cheminée. Des planches en bois épaisses de 14 centimètres ont été utilisées, rendant tout isolement supplémentaire superflu. Des blocs de pierre extraits localement ont été ajoutés à la cuisine, à la salle de bains et à l'ancien garde-manger.

31

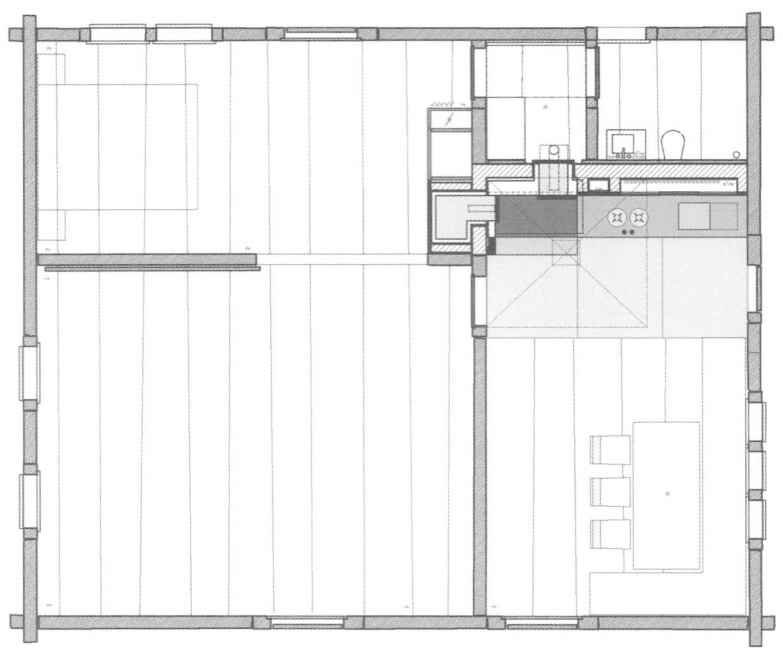

Apartment, Paris

Rue Cadet, Paris, France   Adelaïde Nicola Marchi Architectes

The architects Adelaïde and Nicola Marchi were faced with the task of concentrating the largest possible number of uses into a space measuring just 30 square metres, located on the rue Cadet in the ninth arrondissement of Paris, not far from the Opera. The kitchen corner closes to become 'a rectangle of coloured light.' The same is true of the bed that can be enclosed when it is not in use. Lifted 40 centimetres above the ground, it also provides a large storage space. The bathroom opens in part onto the bed area, and in part toward the main room. Calling on an Italian firm for the woodwork for reasons of quality and cost, the architects had the elements assembled then disassembled before their delivery from Italy.

Les architectes Adélaïde et Nicola Marchi étaient confrontés à la tâche de concentrer le plus grand nombre possible de fonctionnalités dans un espace mesurant à peine 30 mètres carrés, rue Cadet, dans le neuvième arrondissement de Paris, non loin de l'Opéra. Le coin cuisine est fermé pour devenir « un rectangle de lumière colorée ». Il en va de même du lit qu'il est possible d'enclore lorsqu'on ne s'en sert pas. Soulevé à 40 centimètres au-dessus du sol, il fournit également un grand espace de rangement. La salle de bains s'ouvre en partie sur l'espace chambre et en partie sur la pièce principale. Faisant appel à une firme italienne pour les boiseries pour des raisons de qualité et de prix, les architectes ont fait assembler puis désassembler les éléments avant leur livraison depuis l'Italie.

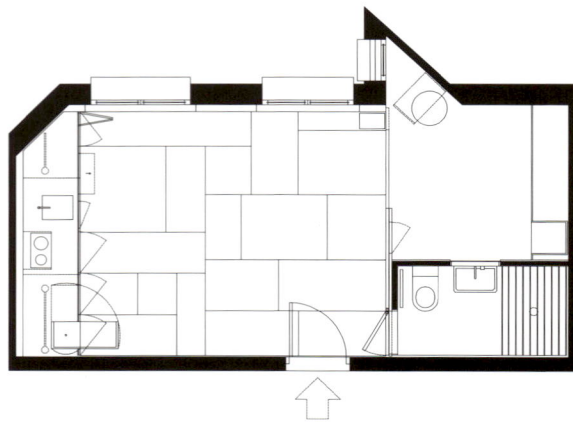

Atelier Sheep Pen

Ota-ku, Tokyo, Japan   Matsumura Architects

Yoko Matsumura is a young architect who lives with her parents in Tokyo. Feeling that she needed some space of her own, a decided luxury in the crowded city, she designed her atelier set up on pilotis above a parking spot. Though she has had her own practice for only two years, Matsumura has designed furniture such as the 'Zizi' plywood chair and stool that served as her aesthetic inspiration for the Sheep Pen, 'A boxy volume on thin legs,' as she says. The house has a large, glazed opening in the direction of the family garden, and the architect was obliged by local regulations to build the access stairway around an existing ginkgo tree. Extremely small and simple, the Sheep Pen (named after the year of the architect's birth) nonetheless includes a washbasin and toilet.

Yoko Matsumura est une jeune architecte qui habite chez ses parents à Tokyo. Estimant qu'elle avait besoin d'un espace à elle – luxe flagrant dans cette ville surpeuplée – elle a conçu son atelier élevé sur pilotis, au dessus d'une place de stationnement. Bien qu'elle n'ait son propre cabinet que depuis deux ans, Matsumura a conçu des meubles comme « Zizi », la chaise/tabouret en contreplaqué qui lui a servi d'inspiration esthétique pour le Sheep Pen (parc à moutons), « un volume en forme de boîte sur des jambes grêles, » selon son expression. L'habitation a une grande ouverture vitrée dans la direction du jardin familier, et l'architecte a été obligée, règlements locaux obligent, à construire un escalier d'accès autour d'un gingko existant. Extrêmement petit et simple, le parc à moutons (appelé ainsi en souvenir de l'année de naissance de l'architecte) comporte toutefois un lavabo et des toilettes.

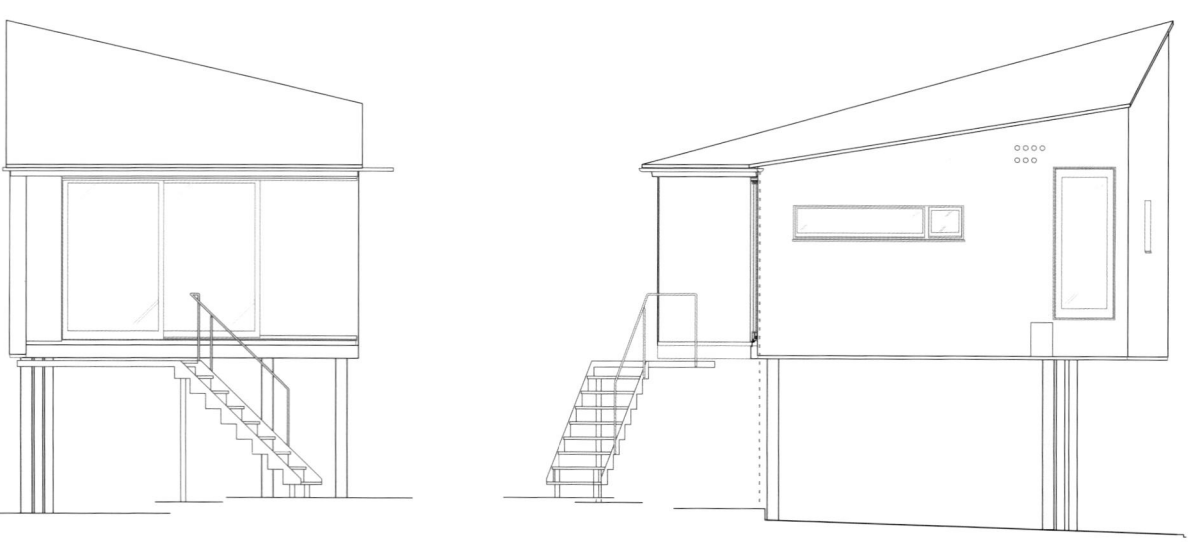

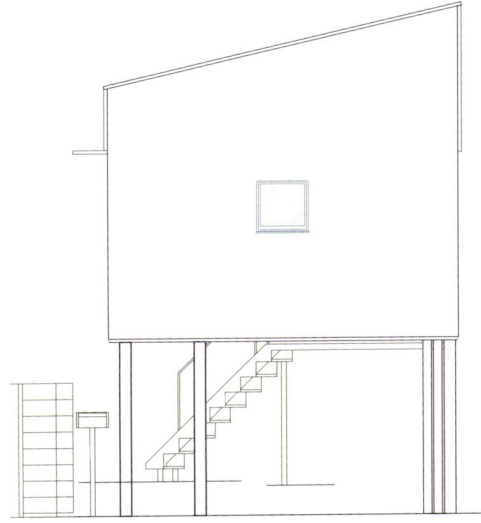
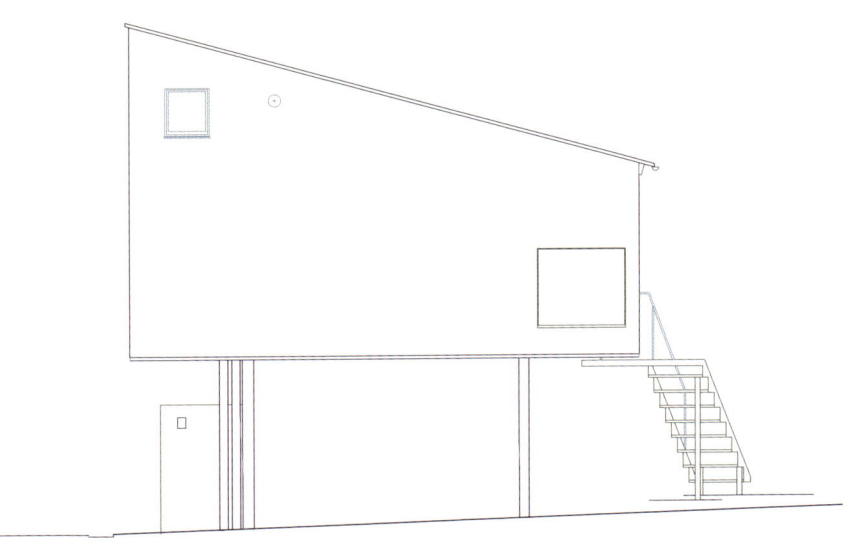

Billboard Building

Minato-ku, Tokyo, Japan   Klein Dytham Architecture

This tiny 38-square-metre jewellery shop is located on the corner of a busy four-way junction in an upscale residential area, dotted with embassies, in central Tokyo. The site is long and narrow – almost triangular in shape. As the architects say, 'We were inspired by several sites in Tokyo where buildings in important locations generate more rent as billboards than actual buildings; this seemed one of those sites, but how could we make the building both a billboard AND a tenant space?' Five vertical steel hoops form the main structure, and 6-metre-high sheets of glass are used that can have film graphics applied to them on a temporary basis.

Cette bijouterie minuscule de 38 mètres carrés est située à l'angle d'un carrefour animé dans un quartier résidentiel chic, ponctué d'ambassades, du centre-ville de Tokyo. Le site est long et étroit – de forme presque triangulaire. Les architectes expliquent : « Nous nous sommes inspirés de plusieurs sites de Tokyo où des immeubles situés dans des endroits importants génèrent plus de loyer comme panneaux publicitaires que comme immeubles ; ce site semblait être l'un de ces sites, mais comment faire de l'immeuble à la fois un panneau publicitaire ET un espace de location »? Cinq arceaux verticaux en acier forment la structure principale, et des panneaux en verre de six mètres de haut sont utilisés, sur lesquels il est possible d'appliquer des graphiques sur pellicule à titre temporaire.

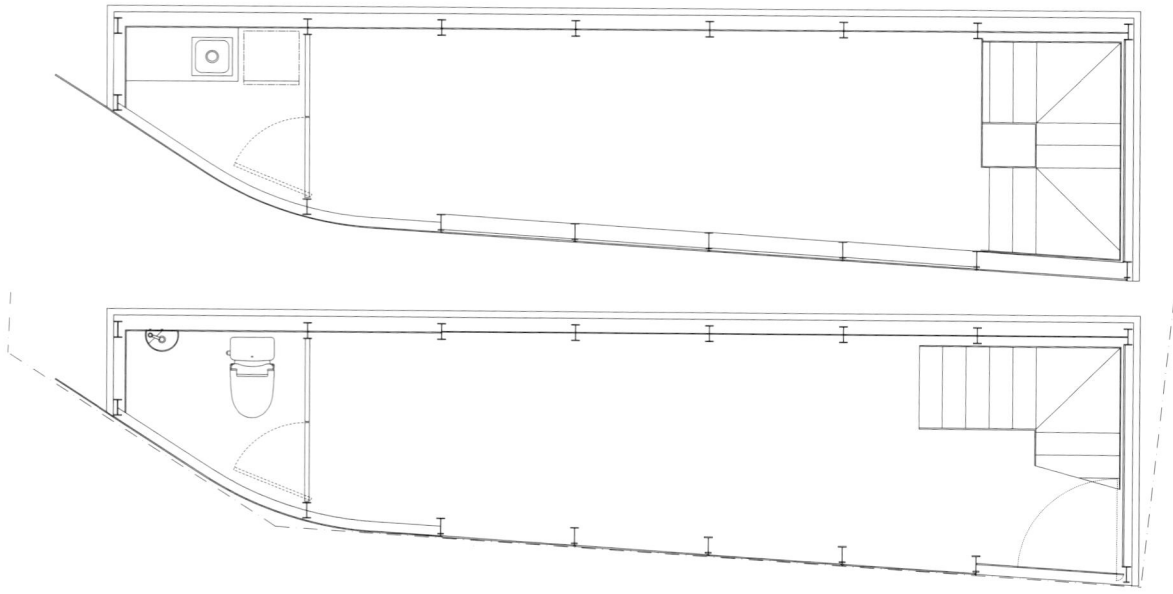

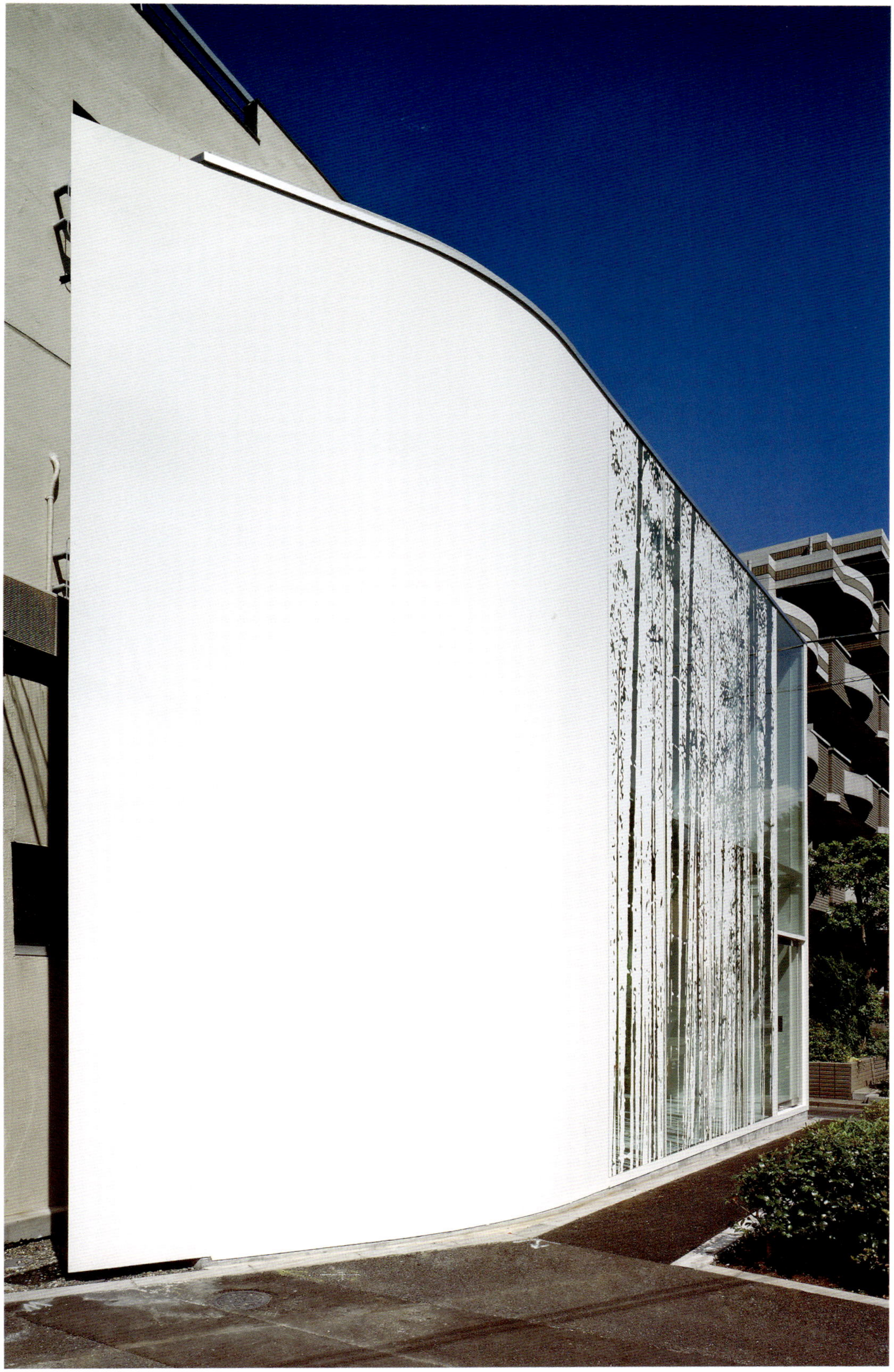

41

Container House

Wellington, New Zealand Ross Stevens

This house is made from three 30-square-metre refrigeration containers. It also has a large covered deck made of three 15-square-metre shipping platforms, the whole sitting on three industrial tower crane sections. The house is tightly fit into an irregular rock with a 50-millimetre-thick steel deck cut so that it is no more than 100 millimetres away from the rock face. As the industrial designer Ross Stevens who created the house writes, 'I have a family home in the country that I wanted to love and figured that I could not love two places at once like two women. I have since changed my mind, as always, and am enjoying both. This approach however gave me great freedom and taught me the most about myself and design.'

Cette maison est faite de trois conteneurs de réfrigération de 30 mètres carrés. Elle a également une grande terrasse couverte composée de trois plateformes d'expédition de 15 mètres carrés, le tout reposant sur trois sections de grues de chantier. La maison est enclavée dans un rocher et dotée d'une terrasse en acier de 50 millimètres découpée de façon à ne pas être éloignée de plus de 100 millimètres de la paroi rocheuse. Comme l'écrit le concepteur industriel Ross Stevens, qui a créé la maison, « Je possède une maison familiale à la campagne que je voulais aimer et je m'imaginais que je ne pouvais pas aimer deux endroits en même temps comme deux femmes. J'ai changé d'avis depuis, comme toujours, et je les apprécie maintenant toutes les deux. Cette approche m'a toutefois donné une grande liberté et m'a appris le plus sur moi-même et sur le design. »

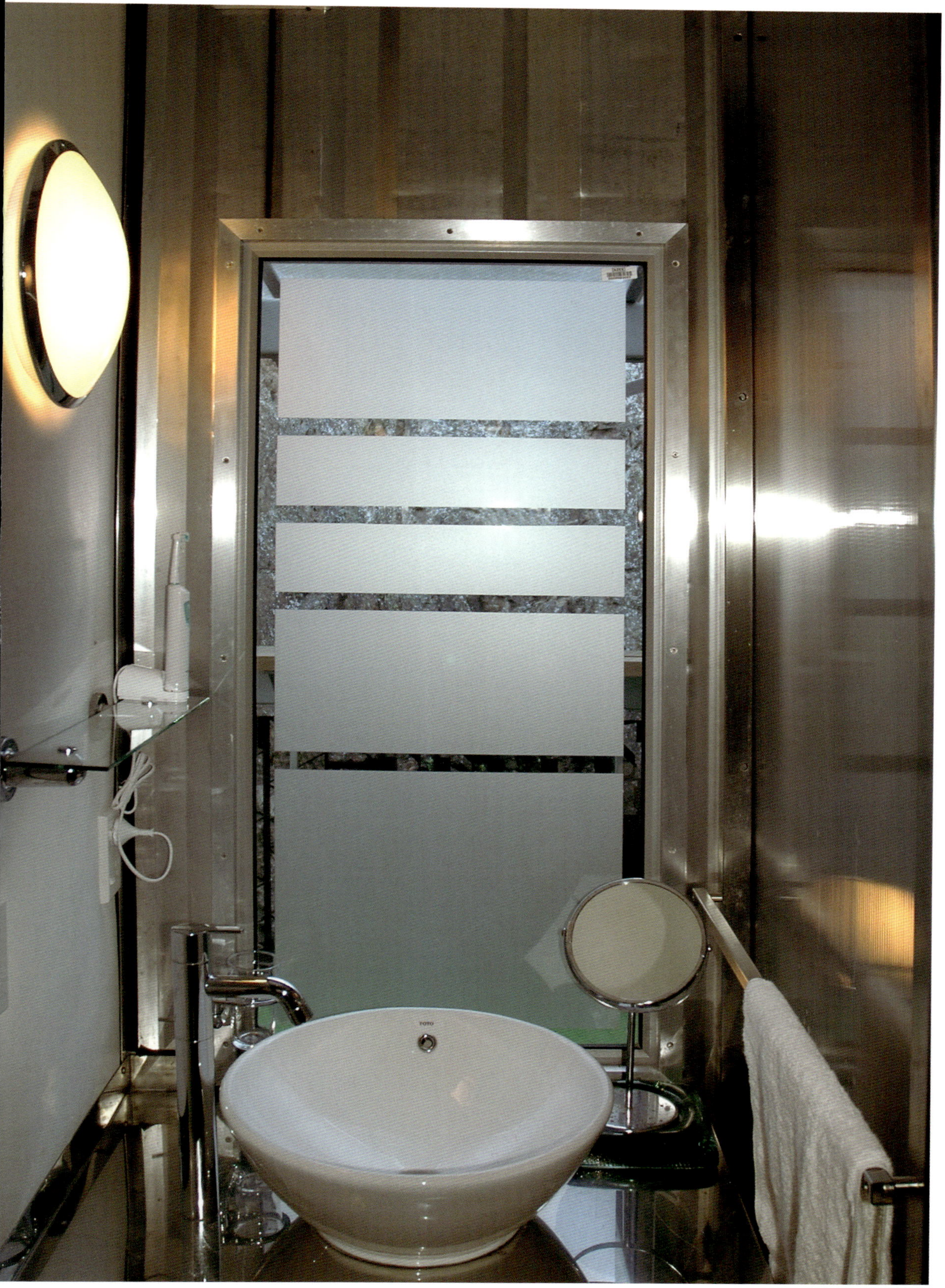

JP 4532
CAUTION
HIGH
TRAILER

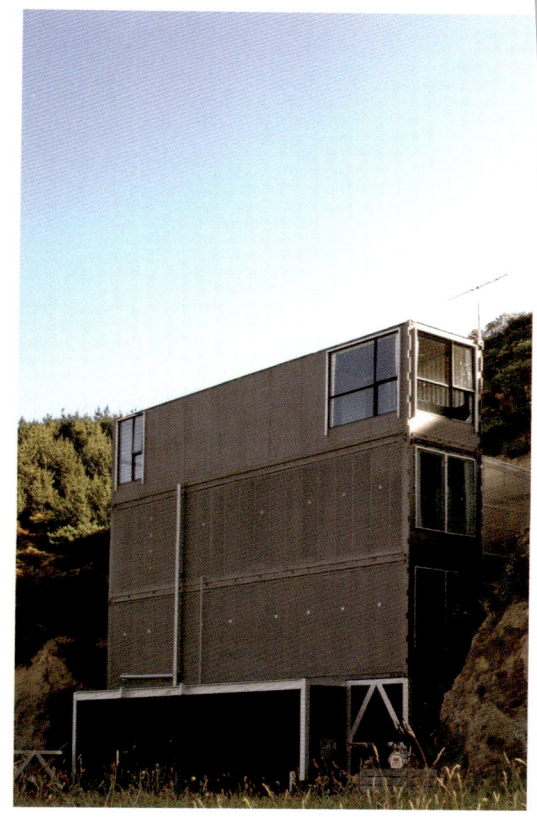

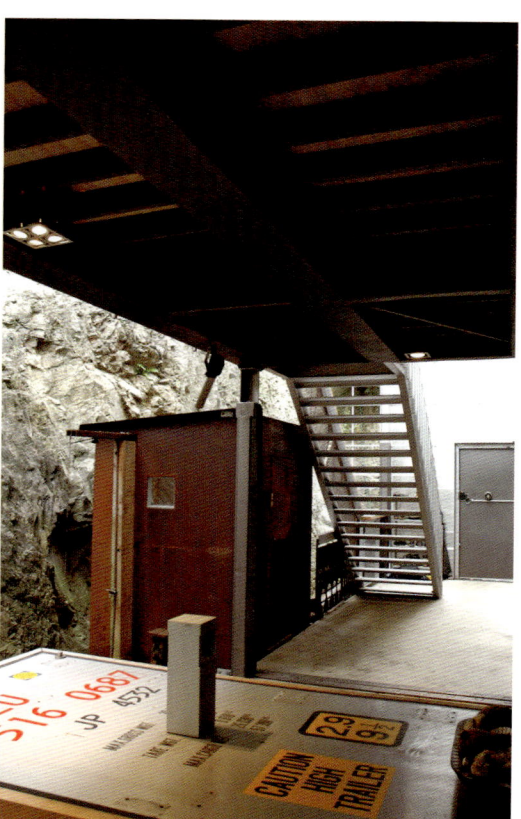

Dash Dogs

New York, New York, USA   LTL Lewis.Tsurumaki.Lewis

Located at 127 Rivington Street in Manhattan, this 20-square-metre hotdog stand opened in the fall of 2005. The inventive architects have made the most of the limited space. By sloping the ceiling down 60 centimetres and the floor up by 15 centimetres, the architects created a 'forced perspective' and an impression that the space is bigger than it is. Strips of steel ranging in width from 15 centimetres to 5 centimetres are used for the interior surface. A laminated bamboo plywood counter cantilevers from the outside through the glass storefront. Since it is horizontal, the sloping of the interior surfaces can be understood by way of comparison. The side walls of the stand are made with relatively rough sealed concrete panels, contrasting with the steel and bamboo used elsewhere.

Situé au numéro 127 Rivington Street, à Manhattan, ce stand de hot-dogs de 20 mètres carrés a ouvert en automne 2005. Les architectes inventifs, ont utilisé au mieux l'espace restreint. En inclinant le plafond vers le bas de 60 centimètres et le plancher vers le haut de 15 centimètres , les architectes ont créé une « perpective forcée » qui donne l'impression que l'espace est plus grand qu'il l'est en réalité. Des lamelles en acier variant entre 15 centimètres et 5 centimètres de large ont été utilisées pour les surfaces intérieures. Un comptoir en contreplaqué de bambou a été placé en porte-à-faux de l'extérieur à travers la vitrine du magasin. Comme il est horizontal, l'inclinaison des surfaces intérieures se comprend en le prenant comme terme de comparaison. Les murs latéraux du magasin sont faits de panneaux en béton vernis plus ou moins brut qui contrastent avec l'acier et le bambou utilisé ailleurs.

Discreet City

Montevideo, Uruguay   Hiroshi Hara + Atelier Φ

This project was born out of the participation of the Japanese architect Hiroshi Hara in seminars organised each year in Montevideo since 1998. In 2002, it was decided to build an experimental house in the Uruguayan capital using funds that the architect had gathered for other projects in Japan. In the square in front of the Montevideo City Hall between October and December 2003, 20 volunteers participated in the construction. Similar projects have been undertaken in Argentina and Brazil at the instigation of Hara. Although very small, the structures are designed to be inter-connectable, and above all, comfortable for people with a modest income. The demonstration houses in Montevideo were not entirely outfitted to be liveable and as the architect admits, this permitted them to be somewhat more stylish than they might be in real use.

Ce projet est né de la participation de l'architecte japonais Hiroshi Hara à des séminaires organisés chaque année à Montevideo depuis 1998. En 2002, il fut décidé de construire une maison expérimentale dans la capitale uruguayenne grâce à des fonds que l'architecte avait réunis pour d'autres projets au Japon. Sur la place en face de l'hôtel de ville de Montevideo, entre octobre et décembre 2003, 20 bénévoles participèrent à la construction. Des projets similaires ont été entrepris en Argentine et au Brésil à l'instigation de Hara. Quoique très petites, ces structures ont été conçues pour être interconnectables et, surtout, confortables pour des personnes aux moyens modestes. Les maisons-témoins de Montevideo n'étaient pas entièrement équipées pour être habitables et, selon l'architecte, cela leur a permis d'être un peu plus « chic » qu'elles ne le seraient probablement en réalité.

Drewes Apartment
Appartement Drewes

Berlin-Charlottenburg, Germany **Drewes + Strenge Architekten**

Four rooms and a bathroom/storage area aligned along a dark hallway in a 1920's apartment were the starting point in this renovation. The main wall running along the hallway was demolished, creating a spacious central room. Wide, sliding doors link the two front rooms now reconfigured into a study/library and sitting room. The original stucco ceilings, ornamental trimmings, art nouveau fireplace and herringbone parquet were left unchanged. The central room now houses the kitchen or 'entertainment bar area.' The former kitchen was converted into an austere white bedroom. Intended as a contrast with the rest of the apartment, the bathroom has mahogany walls and a solid limestone washbasin. Built-in furniture is mostly minimalist and white. The architects conclude that, 'The result is a living space which is just as much rooted in traditional living as in the contemporary living style of an artist's loft.'

Quatre pièces et une salle de bains/espace de rangement alignés le long d'un couloir sombre dans un appartement des années 1920 ont été le point de départ de cette rénovation. Le mur principal qui longeait le couloir a été démoli, créant ainsi une pièce centrale spacieuse. De larges portes coulissantes relient les deux pièces de devant qui ont été transformées en bureau/bibliothèque et salle de séjour. Les plafonds de stuc, les garnitures ornementales, la cheminée art-nouveau et le parquet en chevrons originaux sont restés inchangés. La pièce centrale abrite maintenant la cuisine ou « espace bar/loisirs ». L'ancienne cuisine a été aménagée en chambre à coucher blanche et austère. Destinée à contraster avec le reste de l'appartement, la salle de bains a des murs acajou et un lavabo en calcaire massif. Les meubles encastrés sont pour la plupart minimalistes et blancs. Les architectes concluent que « Le résultat, c'est un espace vital qui a ses racines autant dans la vie traditionnelle que dans le style de vie contemporain d'un loft d'artiste ».

Ecoms House

Tosu-City, Saga, Japan   Riken Yamamoto & Field Shop

Developed at the request of SUS Corporation, a manufacturer of aluminium furniture and precision machinery, this is a new mass-production residence design that uses aluminium as the main structural material. In March 2004, the first model house was opened in Kyushu (southern Japan). The initial objective in developing the project was to find a way of realising a structural expression in aluminium that would not be possible using steel. The 106-square-metre, two-storey aluminium lattice house assumes that the resident will use it as their workplace. The ground floor contains the bedrooms and bathrooms. Completed in 2004, this prototype has a footprint of just 53 square metres.

Élaborée à la demande de la SUS Corporation, fabricant de meubles en aluminium et d'appareils de précision, Ecoms House est une nouvelle conception de résidence produite en série qui utilise l'aluminium comme principal matériau structural. En mars 2004, la première maison-témoin a ouvert ses portes à Kyushu (Japon du Sud) Le projet avait pour objectif initial de trouver une manière de réaliser une expression structurale en aluminium qu'il ne serait pas possible de créer avec de l'acier. Cette maison à treillis en aluminium à deux étages, qui mesure 106 mètres carrés, présume que le résident en fera son lieu de travail. Le rez-de-chaussée contient les chambres et les espaces sanitaires. Achevé en 2004, ce prototype a une surface d'encombrement d'à peine 53 mètres carrés.

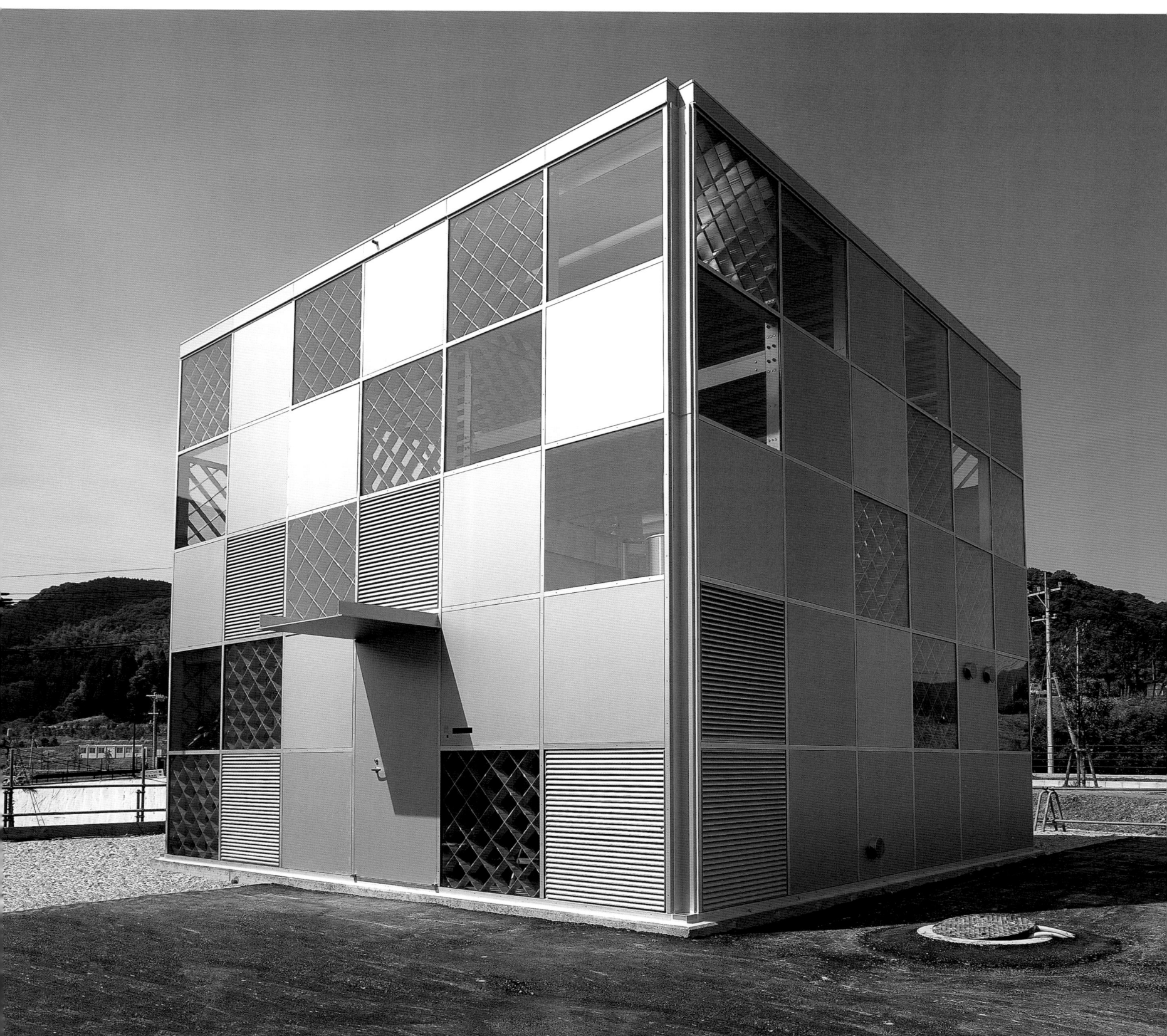

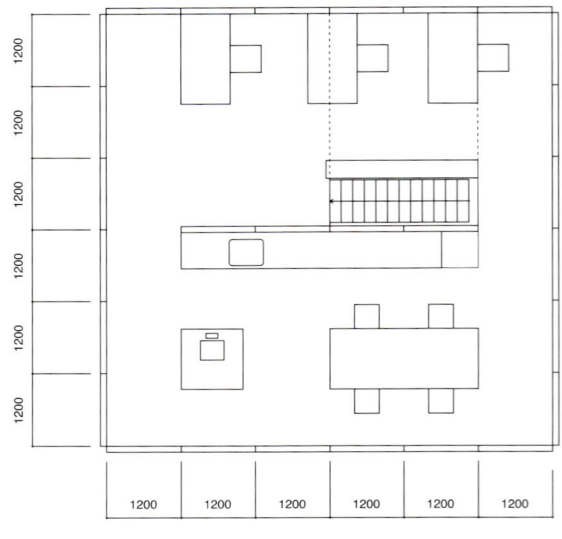
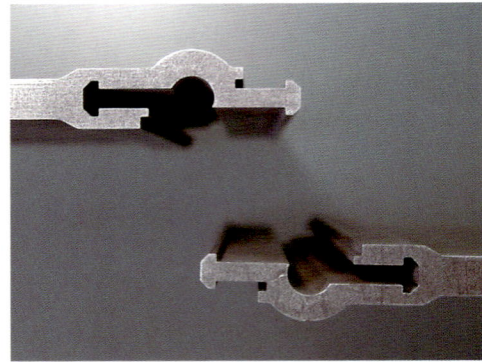

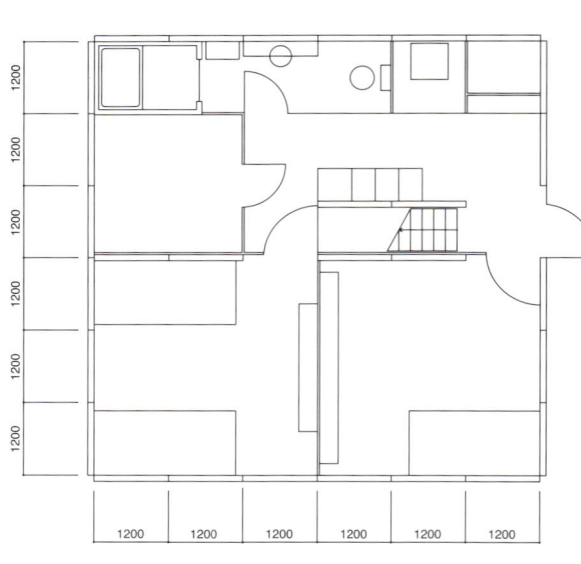

Elemental Housing

Santiago, Chile   ONL

The Rotterdam architects ONL participated in an open competition sponsored by the Elemental Chile Housing Organisation, and financed by the Chilean Ministry of Housing. Held in 2003, the competition attracted 520 submissions, 70 per cent of which were foreign. The competition brief required architects to design housing for 150 families on one hectare of land, with each unit expandable by the residents up to 75 square metres. The maximum budget to be considered was US$7500 per family, and architects were to assume that that budget would cover no more than 30 square metres per family at the outset. The proposal of Kas Oosteruis (ONL), that did not win the competition, called for 'housing strips formed by basic and bridge units with different dimensions, divided into three types. All units have two entrances and two sets of windows – one on each side – to guarantee light, ventilation and better access.' The proposed units were to be built using a steel structure with concrete ground-floor and separation walls. Partition walls in the interior were to be made out of sandwich wood panels, façades are composed of sliding wood panels in different colours and frameless glazing with shading.

ONL, le cabinet d'architectes de Rotterdam, a participé à un concours parrainé par l'Organisation du logement élémental du Chili et financé par le ministère chilien du Logement. Organisé en 2003, le concours a attiré 520 soumissions, dont 70 pour cent venaient de l'étranger. Le concours assignait aux architectes la mission de concevoir des logements pour 150 familles sur un terrain d'un hectare, chaque unité devant être extensible par les résidents jusqu'à 75 mètres carrés. Le budget maximum envisagé était de 7500 dollars américains par famille, et les architectes devaient partir du principe que le budget ne couvrirait pas plus de 30 mètres carrés par famille au départ. La proposition de Kas Oosteruis (ONL), qui n'a pas remporté le concours, prévoyait « des bandes de logement composés d'unités de base et d'unités reliées de dimensions différentes, divisées en trois types. Toutes les unités avaient deux entrées et deux séries de fenêtres – une de chaque côté – pour assurer la lumière, la ventilation et un meilleur accès ». Les unités proposées devaient être construites à l'aide d'une structure en acier avec un rez-de-chaussée et des murs de séparation en béton. Les parois intérieures devaient être en panneaux de bois sandwich, les façades composées de panneaux de bois coulissants de différentes couleurs et différentes et de vitres sans cadre avec des stores.

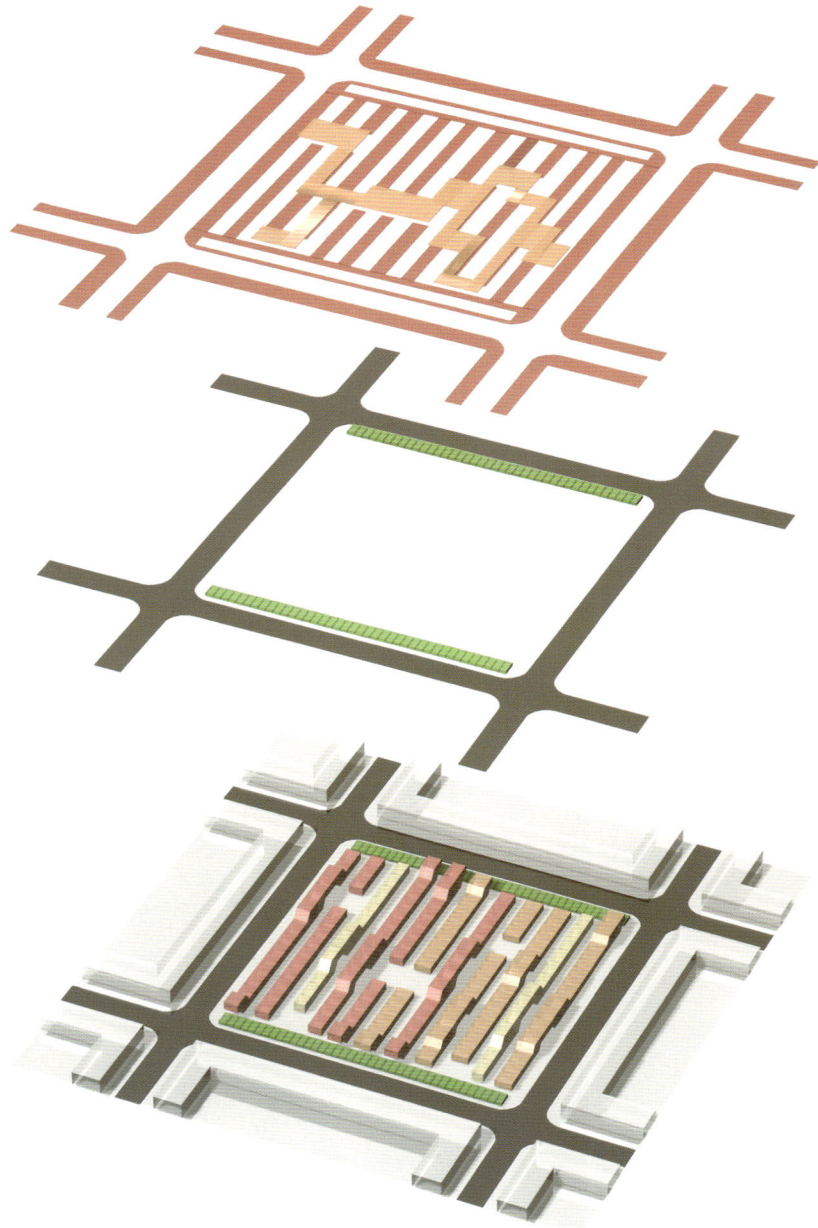

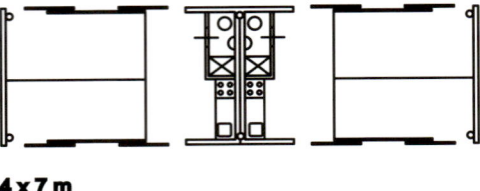

4 x 7 m

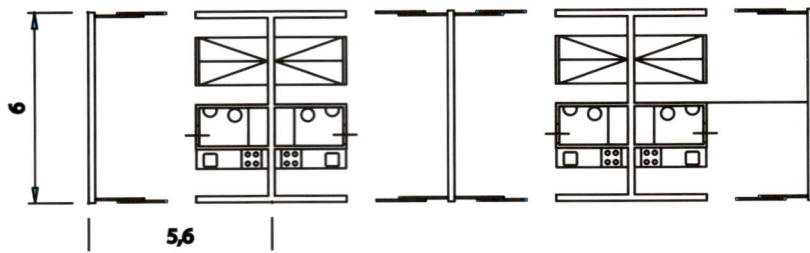

5,6

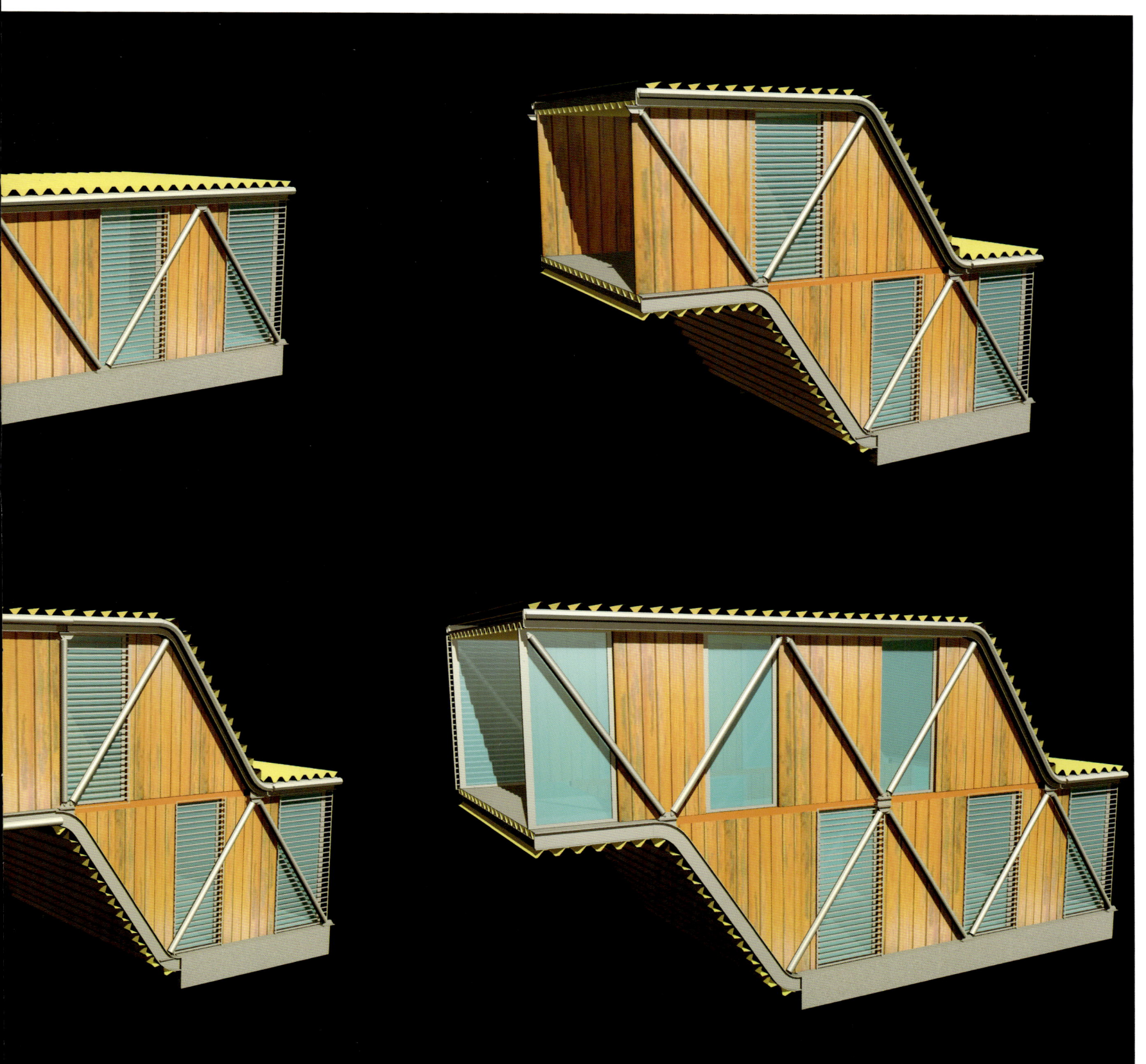

Florence Lowey Bookshop
Librairie Florence Lowey

Paris, France   **Jakob + MacFarlane**

This tiny 40-square-metre bookshop located in the Marais district of Paris demonstrates how much can be done with relatively limited means (€30,000). Specialising in books made or conceived by artists, the shop needed both storage space and a sales area, despite the limited size of the storefront. The architects used the average book size as a three-dimensional matrix for their custom-designed shelving system. Three islands, or cores of shelves, were hollowed out to allow both display and stocking. The free-form appearance of the shelves invades or rather fully defines the available space, just allowing visitors to delve into the available books. 'Here,' the architects conclude, 'the book is at the same time, object of desire and fabricator of its own architecture.'

Cette minuscule librairie de 40 mètres carrés située dans le quartier du Marais à Paris montre c'il est possible de faire avec des moyens relativements limités (30 000 €). Spécialisé dans les livres réalisés ou conçus par des artistes, le magasin avait besoin d'un espace de stockage comme d'un espace de vente. Les architectes ont utilisé le format de livre moyen comme matrice tridimensionnelle pour leur système de rayonnage personnalisé. Trois îlots ou ensembles de rayons furent évidés pour permettre tant l'exposition que le stockage des livres. L'apparence de forme libre des rayons envahit ou plutôt définit pleinement l'espace disponible, permettant juste aux visiteurs de fouiller dans les livres disponibles. Et l'architecte de conclure : « Ici, le livre est en même temps objet de désir et constructeur de sa propre architecture ».

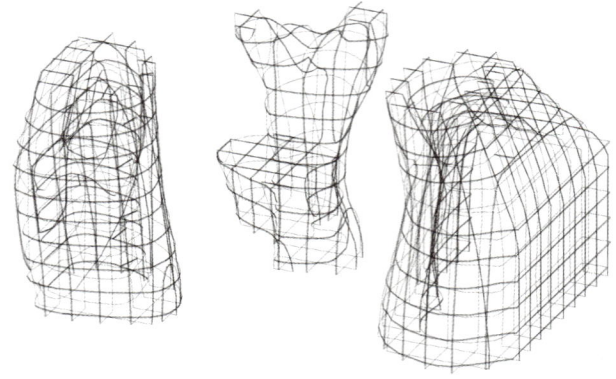

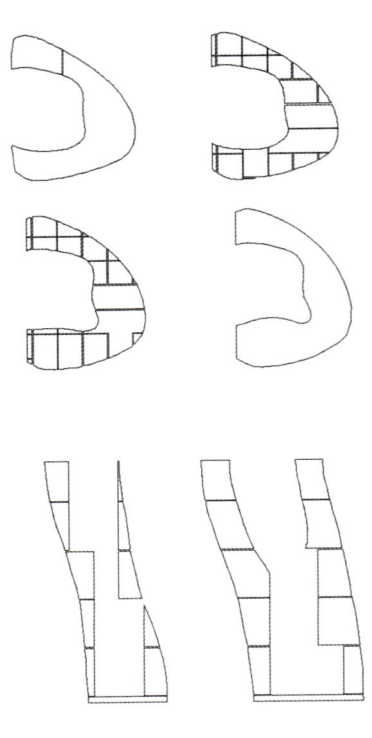
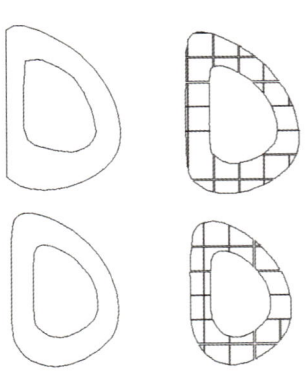
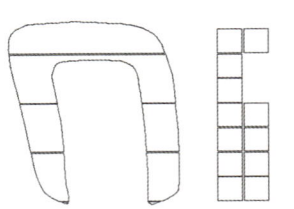

H Retreat House

Portable Home **Buckley Gray Yeoman**

Retreat Homes Ltd., a London-based firm, commissioned architects Buckley Gray Yeoman to design a series of caravan-type houses. As they explain, 'Classified as a transportable building, it is ready to move into within days and can be situated in places that a conventional home cannot.' The H model pictured here measures 6.1 metres by 10.2 metres (46.1 square metres). Built on a galvanised steel chassis, its exteriors are clad in solid timber. Interiors feature oak plank flooring, or Iroko hardwood working surfaces in the kitchens. Living and sleeping areas are separated and a central, timber-decked courtyard divides the two parts of the two-bedroom house. The architects, who seem to have mastered the art of turning a caravan into an attractive home, have been responsible for the British Council's offices in Milan and The Bridge for Channel Five Television.

Retreat Homes Ltd., firme basée à Londres, avait engagé les architectes Buckley Gray Yeoman pour concevoir une série de maisons de type caravane. Comme ils l'expliquent, « Classé comme bâtiment transportable, ce type de maison est prêt à emménager en quelques jours et peut être placé dans des endroits où il n'est pas possible de placer une maison classique. » Le modèle H illustré ici mesure 6,1 mètres sur 10,2 mètres (46,1 mètres carrés). Construit sur un châssis en acier galvanisé, les extérieurs sont revêtus de bois massif. Les intérieurs sont dotés de planchers en chêne et de surfaces de travail en iroko dans les cuisines. Les zones salon et couchage sont séparées et une cour centrale avec terrasse en bois divise les deux parties de cette maison à deux chambres. Les architectes, qui semblent avoir maîtrisé l'art de transformer une caravane en chez-soi attrayant, ont conçu et dirigé l'exécution des bureaux du British Council à Milan et du pont pour Channel Five Television.

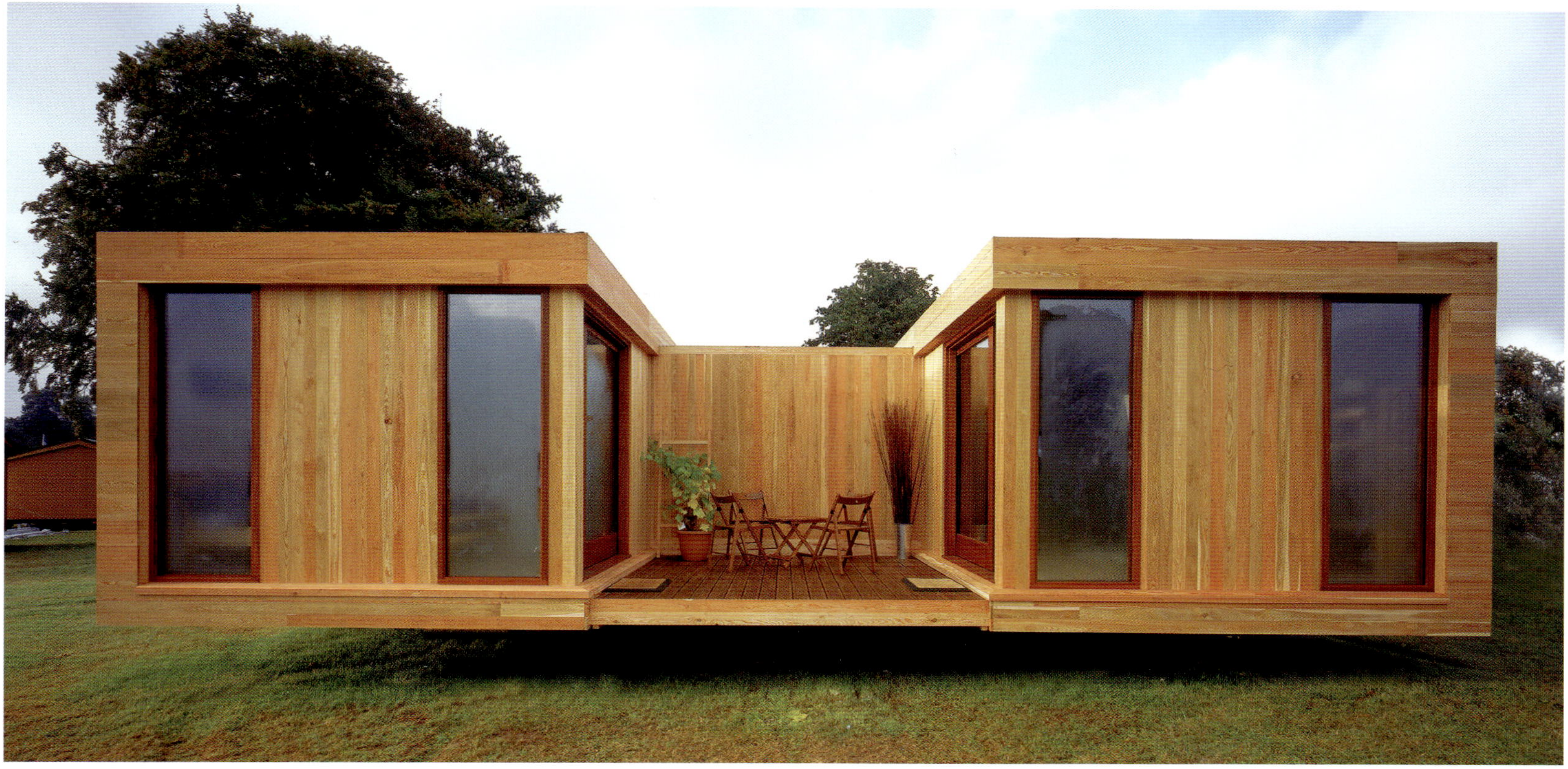

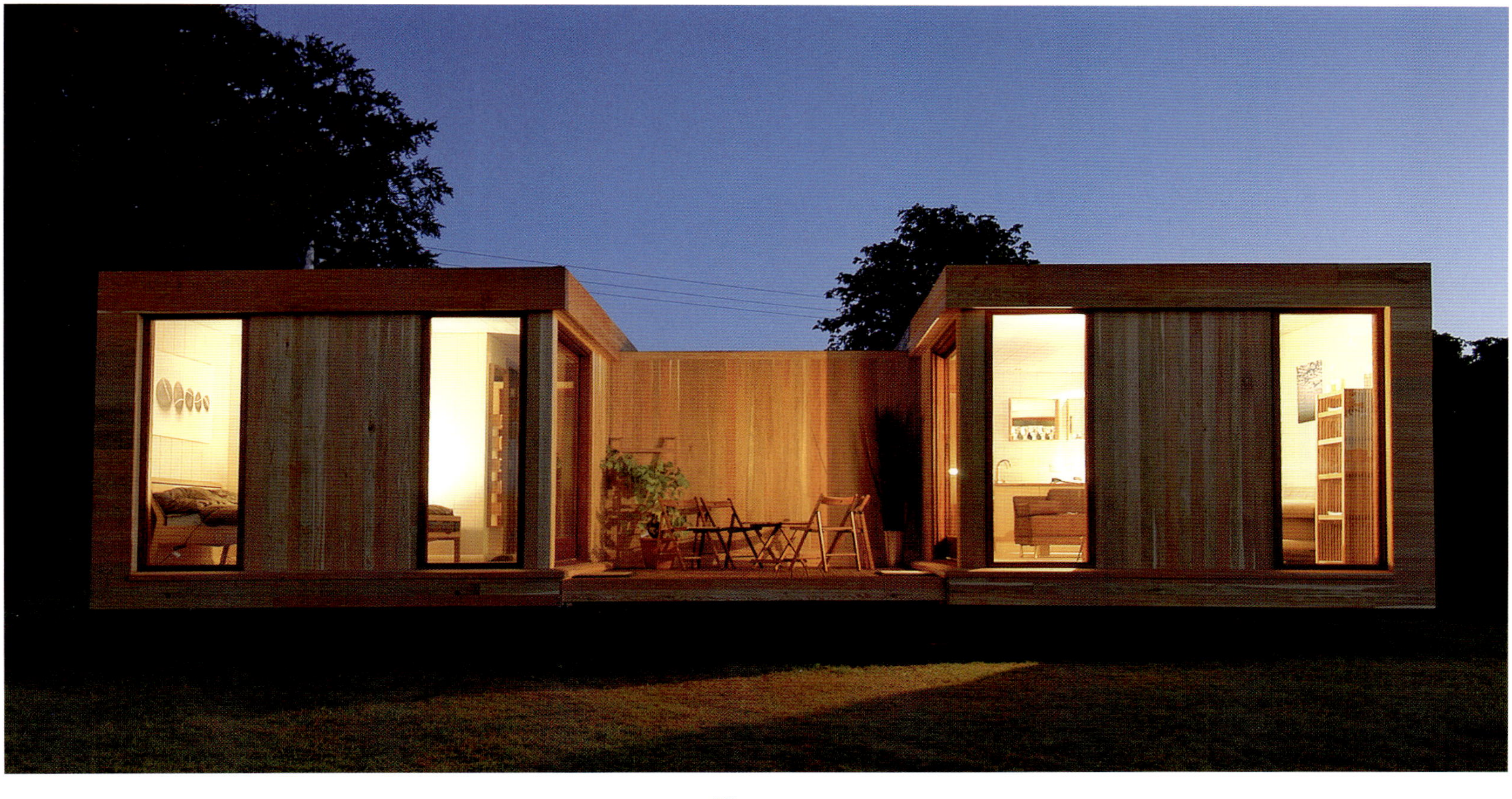

House Elba

Chiessi, Elba, Italy **Architetto Marco Lulli**

Located in a park area, Chiessi is a typical Elba village that faces Corsica. Set near the sea, the 60-square-metre house was refurbished by an Italian architect for a French family. The undivided space was formerly used as a wine cellar for the village, and includes the original local pink granite chimney. The clients' desire to retain the open, bright atmosphere of the space and to have a view of the sea from their bed was the priority of the architect. A central supporting column was removed, and different floor levels were created for the kitchen, living space and bed area. Rather than walls, furniture, such as the floor-to-ceiling oak wardrobe was used to divide the space. A bordeaux-red cement working surface was created for the kitchen. The original terracotta floors were replaced with bleached oak throughout, while grey stone was used in the kitchen.

Situé dans une région de parcs, Chiessi est un village typique d'Elbe faisant face à la Corse. Implantée près de la mer, cette maison de 60 mètres carrés a été réaménagée par un architecte italien pour une famille française. L'espace non divisé était utilisé auparavant comme cave à vin pour le village et comprend la cheminée originale en granit rose local. Le souhait des clients de conserver l'atmosphère ouverte et claire de l'espace et d'avoir une vue de la mer de leur lit a été la priorité de l'architecte. Une colonne de support centrale a été enlevée et des niveaux de plancher différents ont été créés pour la cuisine, l'espace de séjour et l'aire du lit. Des meubles, comme la garde-robe en chêne qui va du plancher au plafond, ont été utilisés pour diviser l'espace. Une surface de travail en ciment rouge bordeaux a été créée pour la cuisine. Les planchers originaux en terre cuite de la maison ont été remplacés partout par du chêne blanchi, et des pierres grises ont été utilisées dans la cuisine.

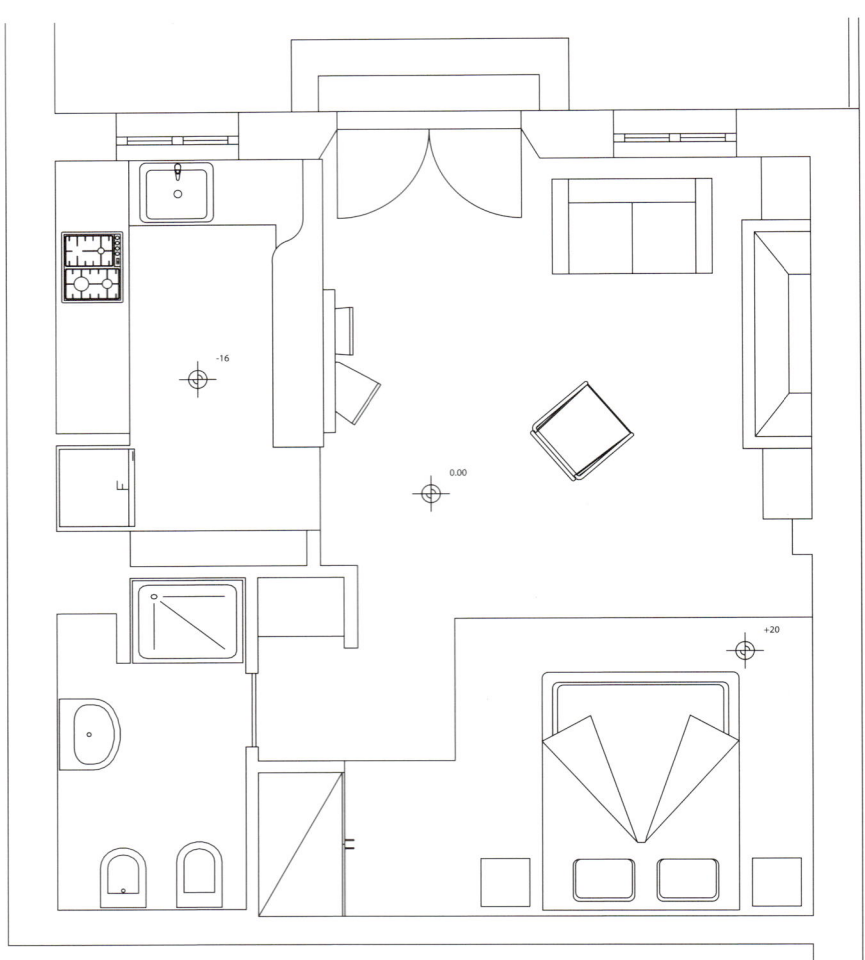

House Lina

Linz, Austria **Caramel Architekten ZT GmbH**

Designed by the talented young firm Caramel Architekten ZT GmbH, House Lina was built at a cost of €55,000 and has a floor area of 66 square metres. Intended for a mother and child, it is an independent structure on the grandparents' property. 'Docked' to the existing house, it has its own bath, kitchen, heating and hot water. Factors of cost and space limited the size of the house, which was designed on a construction grid intended to fit standard particleboard dimensions. Partially prefabricated elements were mounted in a few days on a steel framework. Clad in a glass fibre reinforced PVC membrane, House Lina is not intended to 'last forever' but it can easily be removed or extended as circumstances dictate.

Conçue par la jeune firme de talent Caramel, la Maison Lina a été construite au prix de 55 re indépendante située sur la propriété des grands-parents. « Amarrée » à la maison existante, elle a sa propre salle de bains, cuisine, chauffage et eau chaude. Les facteurs coût et espace ont limité la taille de la maison qui a été conçue selon une grille de construction adaptée aux dimensions standard des panneaux d'aggloméré. Des éléments partiellement préfabriqués ont été montés en quelques jours sur une charpente en acier. Revêtue d'une membrane en PVC renforcé de fibres de verre, la Maison Lina n'est pas destinée à « durer pour toujours » mais peut facilement être déménagée ou agrandie selon les circonstances.

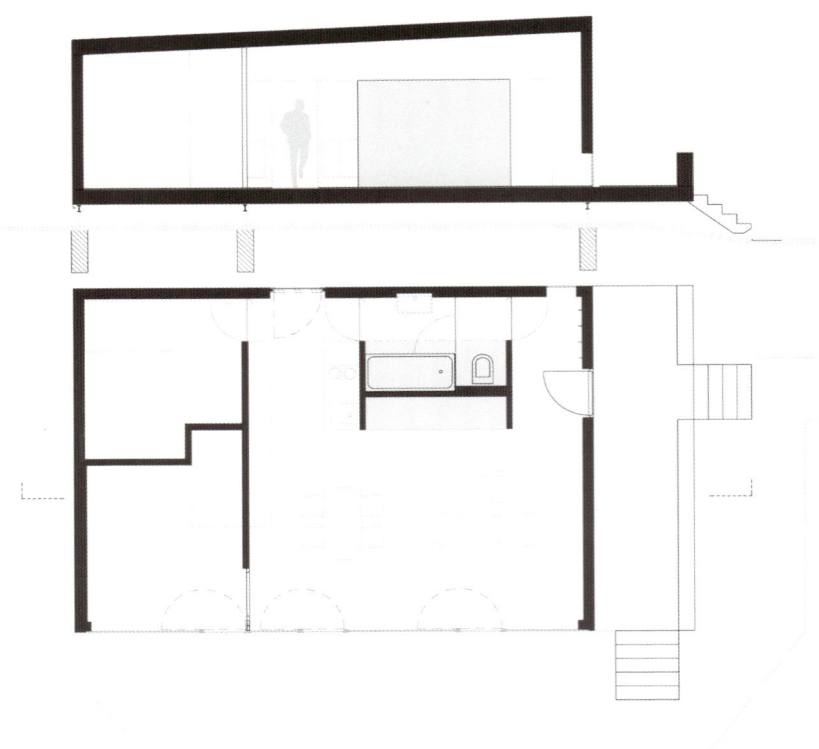

Lodge Retreat House

Portable Home **Buckley Gray Yeoman**

Another of Buckley Gray Yeoman's Retreat Houses, the Lodge model, the largest of the series, has 65 square metres of usable floor space. Rather than a courtyard like that of the H Retreat House, the Lodge offers three bedrooms each with built-in wardrobes. Double-glazed floor-to-ceiling windows with hardwood frames give a decidedly solid appearance and feeling to a type of house that usually generates the opposite impression. The bathrooms have teak surrounds and stainless steel fittings, while the kitchen includes Bosch appliances and a flexible floating wall to accommodate further units or work surfaces. The living room and dining room are expanded vis-à-vis the smaller Retreat models. Since these caravans are built to British Standard BS/EN 3632 they are exempt from British building regulations and VAT.

Une autre Retreat House (maison de retraite) de Buckley Gray Yeoman, le modèle Lodge, le plus grand de la série, a une surface intérieure utilisable de 65 mètres carrés. Au lieu d'une cour comme celle de la H Retreat House, la Lodge offre trois chambres à coucher ayant chacune une garde-robe encastrée. Les fenêtres pleine hauteur à double vitrage et à cadres en bois dur donnent une apparence et une sensation de « solide » à un type de maison qui donne d'habitude l'impression inverse. Les salles de bains ont des bordures en teck et une robinetterie en acier inoxydable, tandis que la cuisine est équipée d'appareils Bosch et d'un mur flottant flexible permettant d'installer des appareils ou des surfaces de travail supplémentaires. La salle de séjour et la salle à manger ont été agrandies par rapport aux modèles de Retreat plus petits. Comme ces caravanes sont construites en conformité avec la norme britannique BS/EN 3632, elles sont exemptes des règlements de construction britanniques et de TVA.

Loftcube

Portable Home   Studio Aisslinger

Born in Berlin in 1964, Werner Aisslinger studied design at the University of Arts (Hochschule der Künste), Berlin. From 1989 to 1992, he freelanced with the offices of Jasper Morrison and Ron Arad in London, and at the Studio de Lucchi in Milan. He founded 'Studio Aisslinger' in Berlin, focusing on product design, design concepts and brand architecture in 1993. He designed the Loftcube for unused urban rooftop sites. Prototypes were shown at Berlin's first design festival, 'DesignMai' Berlin (May 3–18, 2003), where two Loftcubes (a 'living' version and a 'home office' version, featuring real equipment, but without connections to utilities) were put in place. These prototypes were designed as honeycomb wooden modules with plastic laminate suitable for dismantling. The cubes are 3 metres high, 6.6 metres in width and length, and include 36 square metres of interior space. Werner Aisslinger estimates the cost at about €55,000 per Loftcube. Made largely with material provided by DuPont, the Loftcubes in Berlin included furniture designed by Aisslinger.

Né à Berlin en 1964, Werner Aisslinger a étudié le design à l'université des Arts (Hochschule der Künste), à Berlin. De 1989 à 1992, il a travaillé en free-lance avec les cabinets d'architectes de Jasper Morrison et Ron Arad à Londres, et au Studio de Lucchi à Milan. En 1993, il a fondé le « Studio Aisslinger » à Berlin, axé sur l'esthétique industrielle, les concepts de design et l'architecture de marque. Il a conçu le Loftcube pour les toits urbains inutilisés. Des prototypes ont été exposés à la première fête du design à Berlin, « DesignMai » Berlin (3–18 mai 2003), où deux Loftcubes (une version « logement » et une version « bureau à domicile », équipées d'appareils réels mais non branchés sur les services publics) avaient été mis en place. Ces prototypes étaient conçus sous forme de modules de bois en nid d'abeille avec du plastique stratifié prévus pour être démontés. Les cubes font trois mètres de haut, 6,6 mètres de large et de long, et comprennent 36 mètres carrés d'espace intérieur. Werner Aisslinger estime à environ 55 000 € le coût d'un Loftcube. Fabriqués en grande partie avec des matériaux fournis par DuPont, les Loftcubes exposés à Berlin contenaient des meubles conçus par Aisslinger.

Luna di Miele Omotesando Building

Minato-ku, Tokyo, Japan   Waro Kishi + K.Associates/Architects

Waro Kishi who is best known for his house design, took on the challenge of creating a jeweller's shop and an office in a five-storey reinforced concrete and steel building in one of Tokyo's most upscale neighbourhoods. With a site measuring just 31 square metres, the total floor area adds up to 108 square metres, with the store on the lower levels and offices above. Waro Kishi explains, 'My two basic design ideas were to adopt a structural system without columns in order to make effective use of the limited area and to make the overall structure as lightweight as possible in order to simplify the foundation … grey pane glass, transparent glass and stainless mesh are layered on the façade of this urban building. The surface has the smoothness of glass but also the semblance of depth. Lighting installed between the overlapping materials gives the building a completely different look at night. This is an extremely small building, but I wanted it to be a delightful, jewel-like addition to the Tokyo townscape.'

Waro Kishi, qui est mieux connu pour sa conception de maisons, a relevé le défi de créer une bijouterie et un bureau dans un immeuble à cinq étages en béton armé et en acier dans l'un des quartiers les plus chic de Tokyo. Le site mesure à peine 31 mètres carrés et la surface au sol totale s'élève à 108 mètres carrés, avec le magasin aux niveaux inférieurs et les bureaux au-dessus. Waro Kishi explique : « Mes deux idées conceptuelles de base ont été d'adopter un système structural sans colonnes afin d'optimiser l'utilisation de l'espace restreint et de rendre la structure d'ensemble aussi légère que possible pour simplifier les fondations… carreaux gris, verre transparent et treillis en inox sont disposés en couches sur la façade de cet immeuble urbain. La surface est lisse comme le verre mais donne aussi une impression de profondeur. L'éclairage installé entre les matériaux qui se chevauchent donne à l'immeuble un aspect complètement différent la nuit. C'est un immeuble minuscule, mais je voulais que se soit une addition charmante, semblable à un bijou, au paysage urbain de Tokyo. »

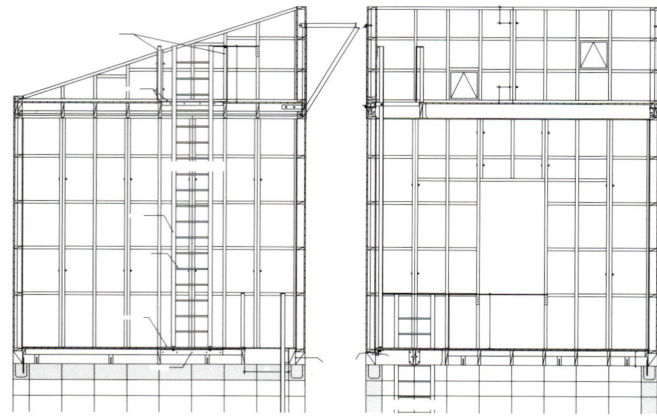

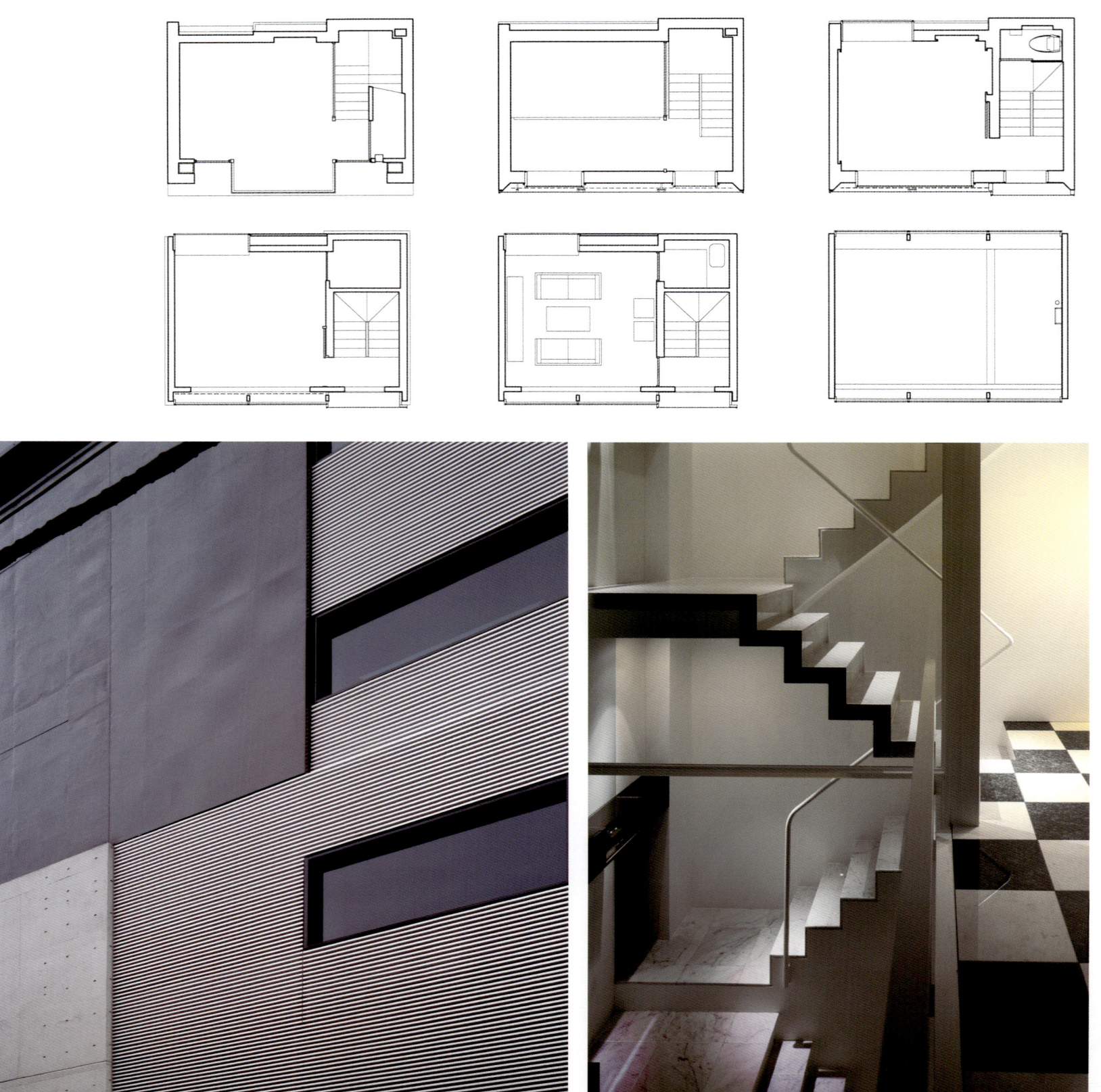

M-House

Gorman, California, USA   Michael Jantzen

This 50-square-metre house was designed by Michael Jantzen, who describes himself as more of an artist than an architect. And yet he ventures to say that he is 'rethinking the whole notion of living space.' What he calls 'Relocatable M-vironments' are made of a 'Wide variety of components that can be connected in many different ways to a matrix of modular support frames.' The M-House, consists of a series of rectangular panels that are attached with hinges to an open-space frame grid of seven interlocking cubes. The panels are hinged to the cubes in either a horizontal or a vertical orientation. The hinges allow the panels to fold into, or out of the cube frames to perform various functions. This one-bedroom version of the house, built by Jantzen himself on a site northwest of Los Angeles, was made with composite concrete panels hinged to a steel tube frame. Designed to withstand high winds or earthquakes, the house can be taken apart by four workers in one week, and it can of course be modified as required.

Cette maison de 50 mètres carrés a été conçue par Michael Jantzen qui se définit comme artiste plutôt qu'architecte. Et pourtant il se hasarde à dire qu'il « repense la notion même d'espace vital ». Les « M-vironnements déplaçables », comme il les appelle, sont constitués de « composants très divers qu'il est possible de connecter de bien des façons différentes à une matrice de cadres-supports modulaires ». La M-House consiste en une série de panneaux rectangulaires fixés par des charnières à une ossature en espace ouvert de sept cubes imbriqués. Les panneaux sont fixés aux cubes par des charnières soit à l'horizontale soit à la verticale. Les charnières permettent d'attacher les panneaux aux cadres des cubes pour remplir certaines fonctions. La présente version à une chambre à coucher de la maison, construite par Jantzen lui-même sur un terrain au nord-ouest de Los Angeles, est formée de panneaux de béton complexe fixés par des charnières à un cadre de tube en acier. Conçue pour résister à des vents violents et des séismes, la maison peut être démontée en une semaine par quatre ouvriers, et il est bien entendu possible de la modifier en fonction des besoins.

Micro Compact House

Portable Home Horden Cherry Lee Architects

The micro compact home [m-ch] is a lightweight, modular and mobile minimal dwelling for one or two people. Its compact dimensions of 2.6 cubic metres adapt it to a variety of sites and circumstances, and its functioning spaces of sleeping, working, dining, cooking and hygiene make it suitable for everyday use. Informed by aviation and automotive design, and manufactured at the micro compact home production centre in Austria, the m-ch can be delivered by trailer or light crane. It may be arranged as a single unit raised above the ground on a light aluminium frame and placed in a garden for private use, as a 'guest home' or 'teen home' or in the countryside for weekend leisure activities. The O$_2$ student village, a group of seven micro-compact homes, sponsored by the telecommunications company O$_2$ Germany, has been built at the Technical University Munich.

Le micro compact home [m-ch] est une habitation minimale modulaire et mobile pour une ou deux personnes. Ses dimensions compactes de 2,6 mètres cubes l'appropient à divers sites et diverses situations, et ses espaces fonctionnels pour dormir, travailler, manger, faire la cuisine et se laver le rendent apte à l'usage quotidien. Influencé par le design aéronautique et automobile, et fabriqué au centre de production du micro compact home en Autriche, le m-ch peut être livré par remorque ou grue légère. Il peut être aménagé en logement unique surélevé au-dessus du sol sur un cadre léger en aluminium et placé dans un jardin pour usage personnel, comme chambre d'amis, chambre d'adolescent ou à la campagne pour les activités de loisir du week-end. Le village d'étudiants O$_2$, groupe de sept micro-compact homes, parrainé par la compagnie de télécommunication O$_2$ Germany, a été construit à l'université technique de Munich.

can win
can jump
can kiss

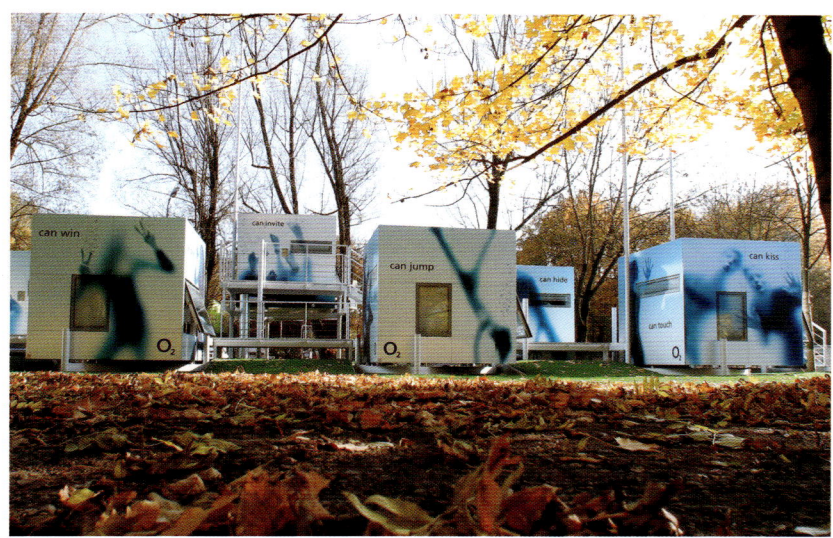

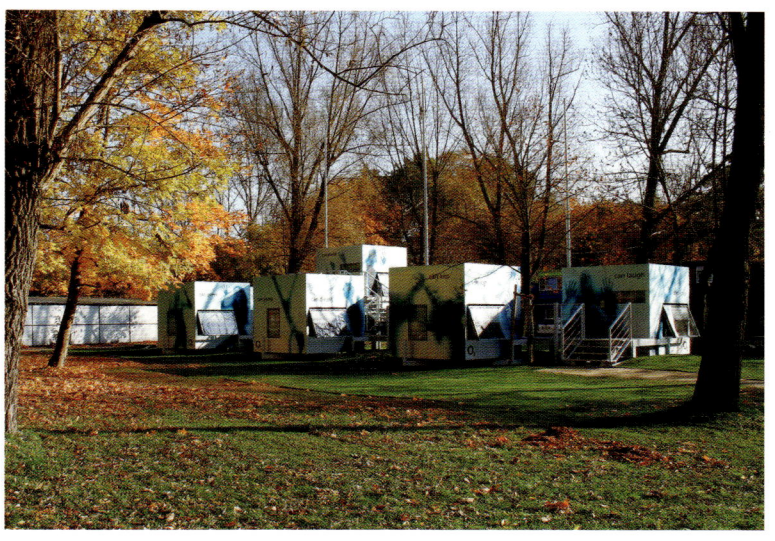

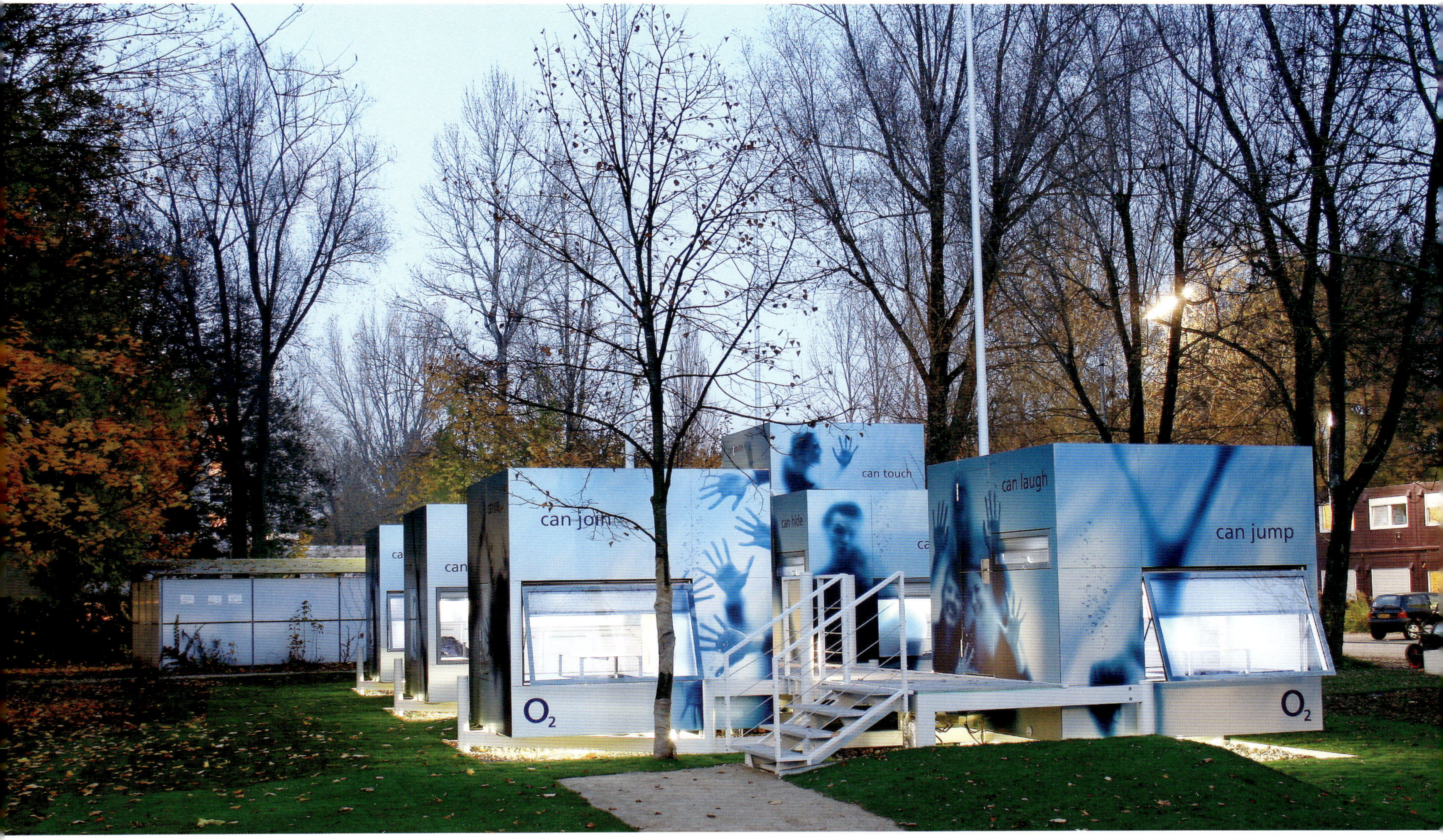
can join
can touch
can hide
can laugh
can jump

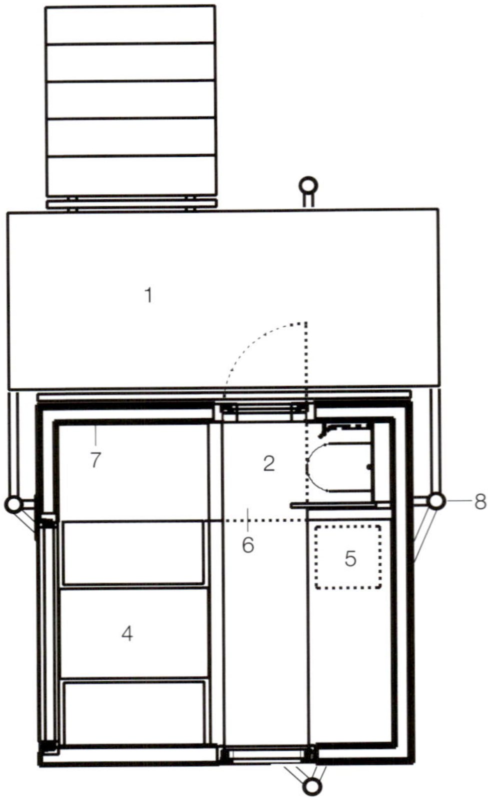

legend

1 terrace
2 entrance/shower
3 storage space
4 dining area
5 kitchen
6 sliding door
7 inner lining pvc, light grey
8 aluminium tube, 120mm dia
9 fold-up bunk

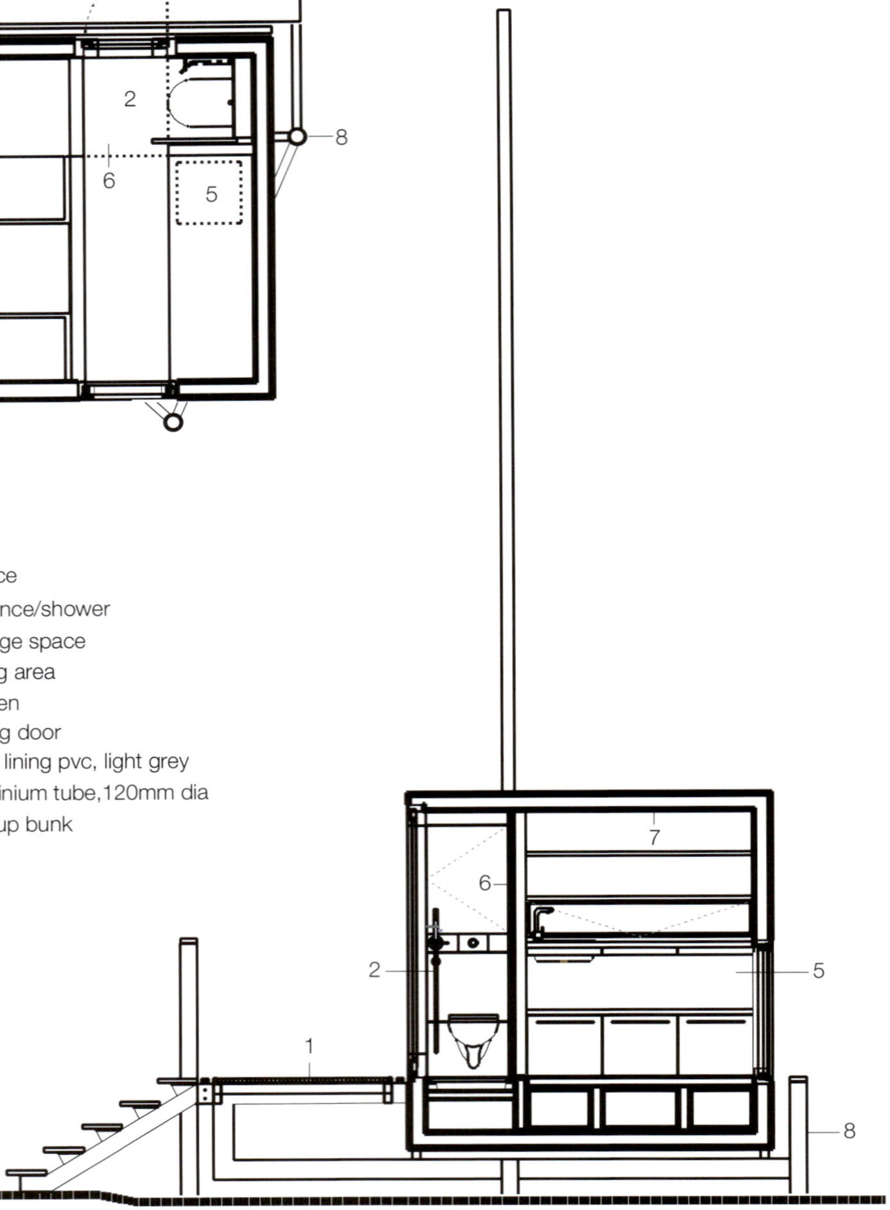

Mill House

Västra Karup, Skåne, Sweden Wingårdhs

This annexe to a converted farm in the countryside in southern Sweden comprises a sauna and attendant spaces for undressing, washing and relaxing. A family from the nearby city of Malmö uses the former farm as a vacation house. It is, according to the architects, 'Designed as a manifestation of the Swedish ritual of sauna and bathing. The traditional rite involves baking together in the sauna and dashing out for an invigorating dip in a cold stream.' Since the creek on the property was insufficient for the purpose of chilling down after the sauna, a small pool was built next to the sauna.

Cette annexe d'une ferme aménagée à la campagne, en Suède du Sud, comprend un sauna et les espaces attenants pour se déshabiller, se laver et se détendre. Une famille de la ville proche de Malmö utilise cette ancienne ferme comme maison de vacances. Elle a été, selon les architectes, « conçue comme manifestation du rituel suédois du sauna et du bain. Le rite traditionnel consiste à « cuire » ensemble dans le sauna puis à sortir en courant pour prendre un bain de rivière froid et vivifiant. » Comme le petit cours d'eau de la propriété était insuffisant pour se rafraîchir après le sauna, on a construit une petite piscine à côté du sauna.

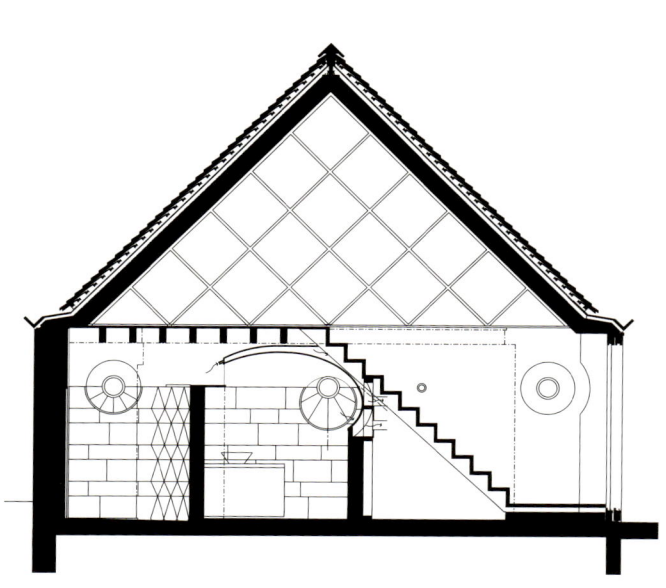
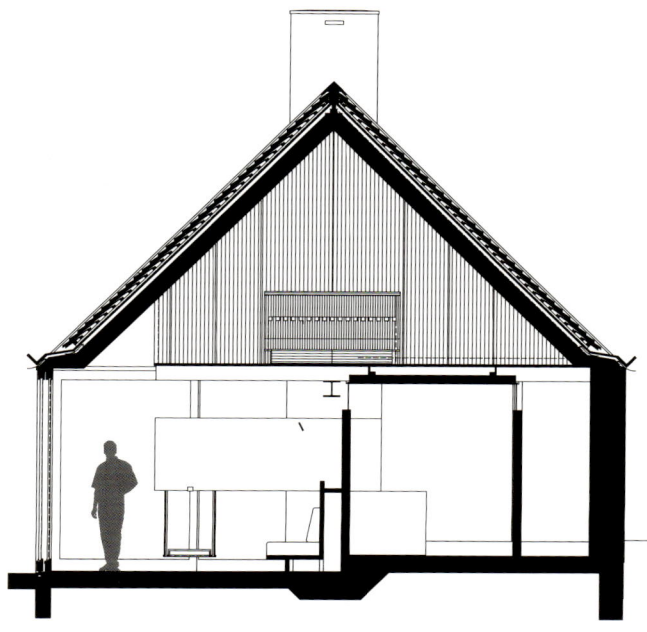

113

Mini-Loft

Paris, France **Philippe Harden**

Originally made up of small closed rooms, this 13-metre-long, narrow 57-square-metre apartment was entirely opened up by the architect Philippe Harden. As he says, 'One enters the apartment through the kitchen, as one might in a country house. An office and bathroom are situated on the side of the residence that does not have windows. The bedroom and the living room are divided by a block containing a wardrobe and closet space. Harden concludes that, 'space is no longer lost in useless hallways as it was before. Rather, the space is continuous as it is in a loft while a certain intimacy is maintained for the private areas of the apartment.' The architect chose simple furniture by designers such as Charles and Ray Eames, Eero Saarinen, Philippe Starck or Isamu Noguchi for the apartment, confirming the modernity that he imposed initially through the spatial design.

Constitué à l'origine de petites pièces fermées, cet appartement étroit de 57 mètres carrés, long de 13 mètres, a été entièrement ouvert par l'architecte Philippe Harden. Selon lui, « on entre dans l'appartement par la cuisine, comme on le ferait dans une maison de campagne. Un bureau et une salle de bains sont situés du côté de la résidence qui n'a pas de fenêtres. La chambre à coucher et la salle de séjour sont séparées par un bloc contenant une garde-robe et un espace placard. Harden conclut que « l'espace n'est plus perdu en couloirs inutiles comme il l'était auparavant. Au contraire, l'espace est continu comme dans un loft bien qu'une certaine intimité soit préservée dans les parties privées de l'appartement. » Pour l'appartement, l'architecte a choisi un mobilier simple signé Charles et Ray Eames, Eero Saarinen, Philippe Starck ou Isamu Noguchi, confirmant la modernité imposée au départ par la conception spatiale.

Pixel House

Heyri, South Korea   **Slade Architecture – Mass Studies**

This is a 110-square-metre house for a family with two children. Set in an area with an orthogonal masterplan, the residence takes on a strange appearance, leading the architects to ask, 'Is it a rock or a building?' They compare the bricks used for the exterior to pixels in digital images. Intended for use as a community centre during the day and a private house at night and on the weekends, the rounded and 'pixelated' appearance of the house embodies its ambiguity and changeable functions. Both through function and through design, the Pixel House is intended to serve as an intermediary, an architectural force that breaks the mould or rather fits into it in more than one way.

Pixel House est une maison de 110 mètres carrés pour une famille avec deux enfants. Implantée dans une aire de plan d'aménagement orthogonal, cette résidence a un aspect étrange qui amène les architectes à se demander : « Est-ce un rocher ou un bâtiment ? ». Ils comparent les briques utilisées pour l'extérieur aux pixels des images numériques. Destinée à être utilisée comme centre communautaire pendant la journée et comme maison particulière la nuit et le week-end, l'aspect arrondi et « pixélisé » de cette maison concrétise son ambiguïté et ses fonctions variables. Tant par sa fonction que par sa conception, la Pixel House est destinée à servir d'intermédiaire, de force architecturale qui brise le moule ou plutôt s'y adapte de plus d'une manière.

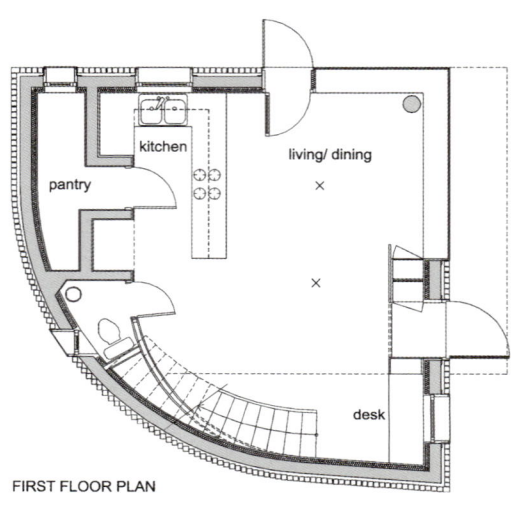

FIRST FLOOR PLAN

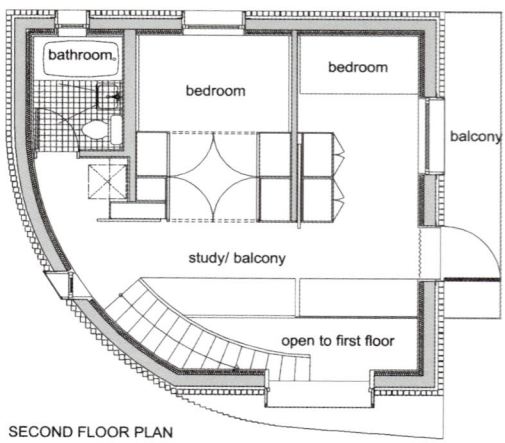

SECOND FLOOR PLAN

Point Zero

Holendrechterweg, Amsterdam, The Netherlands   NIO architecten

This 65-square-metre houseboat was imagined for the location where the A2 highway crosses a small river called the Holendrechter. As the architect points out, this 'impossible' location is also not one where houseboats are legally allowed to dock. In this respect, it is intended as a critique of the Dutch housing system. Maurice Nio says, 'Architects always nurse hopes that the people who are looking for different types of housing in empty offices, industrial buildings that have become obsolete (lofts), old farms, holiday homes, caravans and houseboats will gain the upper hand a little bit more and that the typical housing format which is frozen in the brains of the estate agents, will start to melt.' Further increasing the ambiguity of his gesture, Nio imagines the houseboat as being 'amorphous,' cultivating its status as an object that lies just outside of the established systems, calling on Dutch traditions while consciously mocking them.

Ce house-boat de 65 mètres carrés a été imaginé pour l'endroit où la route nationale A2 traverse une petite rivière appelée Holendrechter. Comme le signale l'architecte, les house-boats ne sont pas légalement autorisés à se mettre à quai dans cet endroit « impossible ». À cet égard, Point Zero se veut une critique du système de logement hollandais. Selon Maurice Nio, « les architectes nourrissent toujours l'espoir que les gens à la recherche de différents types de logement dans les bureaux vides, les bâtiments industriels tombés en désuétude (lofts), les anciennes fermes, les maisons de vacances, les caravanes et les house-boats seront un peu plus en position de force et que la formule typique de logement qui est gelée dans l'esprit des agents immobiliers commencera à fondre ». Accentuant encore davantage l'ambiguïté de son geste, Nio imagine le house-boat comme étant « amorphe », cultivant son statut d'objet qui existe juste en dehors des systèmes établis, faisant appel aux traditions hollandaises tout en se moquant sciemment d'elles.

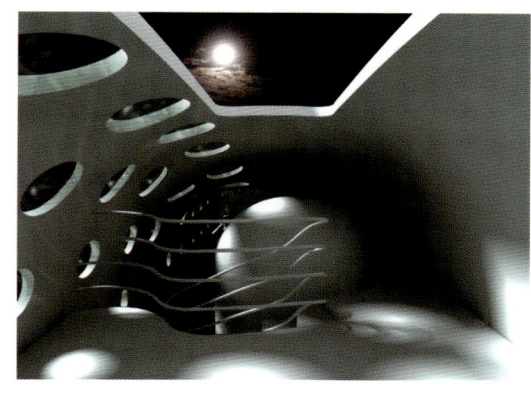

Poustinia, Glencomeragh House Retreat Centre
Poustinia, Centre de retraite de Glencomeragh House

Clonmel, County Tipperary, Ireland **Bates Maher**

Set into a hillside located between the Comeragh Mountains and Slievenamon, these four 40-square-metre hermitages were commissioned by the Rosminian order for a cost of about €500,000. Clad in local smooth larch and rough douglas fir, three of the buildings are slightly cantilevered over the hilltop, each facing in a slightly different direction. The fourth structure is built lower on the hill to accommodate access for the handicapped. Although the architects admit to looking to the Swiss architect Peter Zumthor for inspiration, their minimal designs, complemented by equally austere and yet light-filled interiors, seem perfectly suited to contemplation and retreat. Winner of a 2005 RIAI Regional Award, Poustinia is the work of the firms Bates Maher established in Dublin in 2004 and Architects TM, created the same year by Tom Maher.

Implantés sur une colline entre les Comeragh Mountains et Slievenamon, ces quatre ermitages de 40 mètres carrés furent commandés par l'ordre des Rosminians pour un coût d'environ 500 000 €. Revêtus de mélèze lisse et de sapin douglas brut, trois des bâtiments sont légèrement en porte-à-faux sur le sommet de la colline, chacun d'entre eux étant orienté dans une direction légèrement différente. La quatrième structure est construite plus bas sur la colline afin de permettre l'accès des personnes handicapées. Bien que les architectes admettent s'être inspirés de l'architecte suisse Peter Zumthor, leurs plans minimalistes, complétés par des intérieurs uniformément austères mais remplis de lumière, semblent parfaitement adaptés à la contemplation et à la retraite. Poustinia, qui a reçu RIAI Regional Award en 2005, est l'oeuvre des firmes Bates Maher, établie à Dublin en 2004, et Architects TM, fondée la même année par Tom Maher.

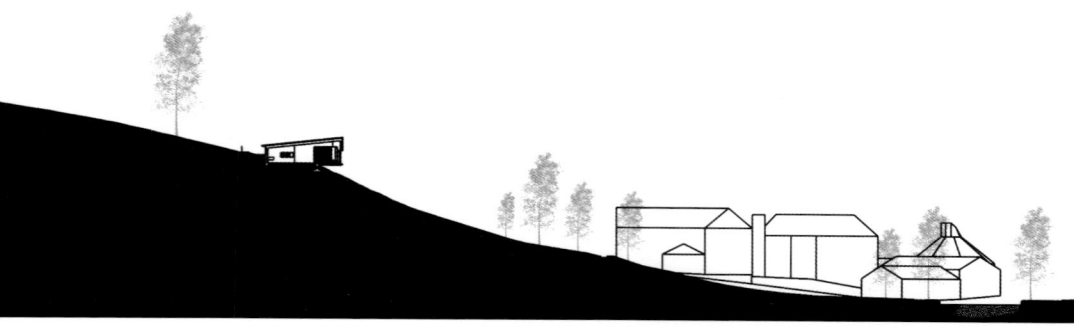

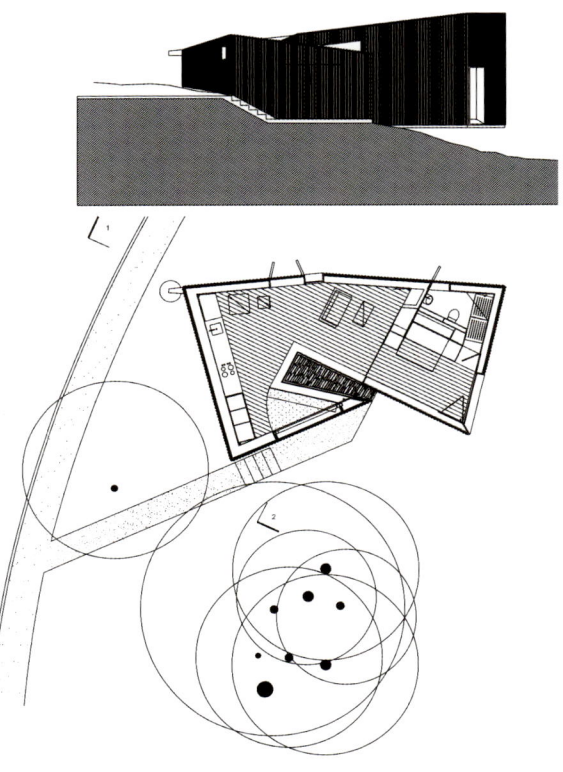

Rettig Apartment
Appartement Rettig

Rheda, Germany **Drewes + Strenge Architekten**

Measuring 139 square metres, this two-storey bachelor's penthouse was made by joining together two previously separate apartments. Most of the walls were eliminated to create a 'loft' atmosphere, and the staircase was bared. The kitchen, dining and relaxation areas are located on the main floor, with the master bedroom and a study upstairs. The architects were called on to design all furniture and lighting for the apartment, and used architectural materials such as black granite, cold-rolled steel, concrete and epoxy. They saw their task as the 'seamless unification of two previously nondescript spaces.'

Mesurant 139 mètres carrés, cette garçonnière en duplex a été réalisée en raccordant deux appartements jusque-là séparés. La plupart des murs ont été éliminés pour créer une atmosphère de « loft », et l'escalier a été dénudé. La cuisine, les espaces repas et détente sont situés au niveau principal, avec la chambre principale et un bureau à l'étage. On a demandé aux architectes de concevoir tout l'ameublement et l'éclairage de l'appartement, et ils ont utilisé des matériaux architecturaux comme le granit noir, de l'acier laminé à froid, du béton et de la résine époxyde. À leurs yeux, leur tâche consistait à « unifier sans solution de continuité deux espaces précédemment dépourvus de caractère. »

Rooftecture H

Kamigori, Hyogo, Japan   Shuhei Endo Architecture Institute

The one-storey, 65-square-metre structure intended as a meeting space in a mountain village consists of a corrugated weatherproof steel sheet in a vault form. Since the circumference of the vault shortens, the building does not resolve itself into a simple cylinder, but rather becomes a more complex, fluid form. The interior spaces are clad in narrow strips of cypress. As Endo says, 'Rooftecture H is a very small building, but contains rich space with a soft expression that is not related to the simple form of a horizontal column.' Both in the structural concept of the building and in his own appreciation of function and form in this instance, Shuhei Endo demonstrates why he is considered one of the most inventive contemporary Japanese architects.

Cette structure à un étage de 65 mètres carrés destinée à servir d'espace de rencontre dans un village de montagne est constituée d'une voûte de tôle ondulée étanche. Comme la circonférence de la voûte est écourtée, le bâtiment ne se transforme pas en simple cylindre, mais devient plutôt une forme fluide plus complexe. Les espaces intérieurs sont revêtus de lamelles étroites en cyprès. Comme le dit Endo, « Rooftecture H est un bâtiment très petit mais qui contient un espace riche avec une expression douce qui n'est pas liée à la forme simple d'une colonne horizontale. » Tant par le concept structural du bâtiment que par sa propre appréciation de la fonction et de la forme dans ce cas particulier, Shudei Endo montre pourquoi il est considéré comme un des architectes japonais contemporains les plus inventifs.

Rooftecture S

Shioya, Kobe, Hyogo, Japan   Shuhei Endo Architecture Institute

Shuhei Endo has long been interested in stretching the definition of architecture, exploring surface in particular. In this instance, it could almost be said that the roof is the house. Because of the high cost of land generated by the extremely dense urbanisation of the country's eastern coast, Japanese architects are masters in the use of small spaces. Set on a triangular site 20 metres long with a depth varying between 1.5 and 4 metres, and measuring just 130 square metres, this 65.7-square-metre steel-frame house occupies only 50.3 square metres. As though these dimensions were not enough of a problem, the house, covered in galvanised steel, is set on a steep slope. As Endo says, 'The main theme of this house has been the archaic problem involving slopes and architecture … states of liberation and closure created though the interaction with the slope define this house's spatial quality.'

Shuhei Endo s'efforce depuis longtemps d'élargir la définition de l'architecture et d'explorer les surfaces en particulier. Dans ce cas particulier, on pourrait presque dire que le toit, c'est la maison. En raison du coût élevé des terrains dû à l'urbanisation extrêmement dense de la côte orientale du pays, les architectes japonais sont passés maîtres dans l'utilisation des petits espaces. Située sur un terrain triangulaire de 20 mètres de long et d'une profondeur allant de 1,5 mètres à 4 mètres, et mesurant à peine 130 mètres carrés, cette maison à charpente en acier de 65,7 mètres carrés n'occupe que 50,3 mètres carrés. Comme si ces dimensions n'étaient pas suffisamment problématiques, la maison, couverte d'acier galvanisé, est située sur un terrain en forte pente. Comme le dit Endo, « Le thème principal de cette maison est le problème séculaire impliquant les pentes et l'architecture … les états de libération et d'apaisement créés par l'interaction avec la pente définissent la qualité spatiale de cette maison ».

133

Room for Art

Zumikon, Switzerland Andreas Fuhrimann/Gabrielle Hächler Architekten

Located near Zurich, this site, with a clear view of the Üetliberg Mountains had a house built on it in the late 1960s that was strongly influenced by Wright's *Fallingwater*. The architects built a new annexe, intended to integrate itself into the house through a staggering of the volumes. However, the use of concrete distinguishes it from the earlier architecture. Appearing as an austere 'pure and seamless concrete solid,' the new structure features a central room with overhead natural light for viewing art. Very much in the current style of strong, minimal Swiss architecture, this room for art, like the Alpine Hut (see page 30), leaves it to the owner to fill the space with art as he pleases.

Situé à proximité de Zurich, ce site, d'où l'on a une vue claire de l'Üetliberg, a vu s'ériger une maison vers la fin des années 1960, qui était fortement influencée par la *Fallingwater house* de Wright. Les architectes ont construit une nouvelle annexe, destinée à s'intégrer à la maison par le jeu de volumes décalés L'utilisation de béton la différencie toutefois de l'architecture antérieure. Apparaissant comme un austère « solide en béton pur et homogène », la nouvelle structure comprend une pièce centrale avec éclairage naturel par le haut pour voir les objets d'art exposés. Résolument inscrite dans le style actuel de l'architecture suisse, forte et minimale, cette pièce aménagée pour les objets d'art *(room for art)*, comme le refuge alpin, laisse au propriétaire le soin de remplir l'espace d'objets d'art comme bon lui semble.

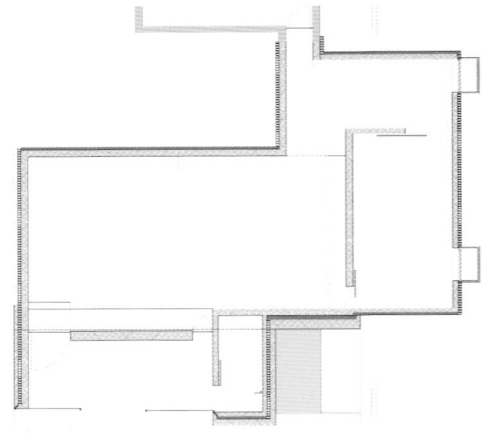

Rucksack House

Leipzig and Cologne, Germany **Stefan Eberstadt**

Stefan Eberstadt was born in 1961 and studied sculpture in Munich under Eduardo Paolozzi. Perhaps it was something of the freedom associated with art that led him to imagine how to simply add space to existing buildings. Measuring 2.5 by 3.6 by 2.5 metres, he describes his Rucksack House as 'An attempt to explore the boundary between architecture and art.' With the assistance of the structural engineer Thomas Beck, he created a welded-steel structure with plywood cladding that was hung by steel cables from the Federkiel Stiftung/Halle 14 in Leipzig from September to November 2004, as part of the *Xtreme Houses* Exhibition. The exterior of the block was clad in Betoplan (exterior grade plywood with absorbent resin surface). It was presented again in Cologne in September 2005 on the occasion of the international architectural symposium *Plan05 – Forum of Contemporary Architecture*.

Stefan Eberstadt est né en 1961 et a fait des études de sculpture à Munich sous Eduardo Paolozzi. C'est peut-être la liberté associée à l'art qui l'a amené à imaginer comment ajouter simplement de l'espace à des bâtiments existants. Mesurant 2,5 mètres sur 3,6 sur 2,5, il qualifie son Rucksack House de « tentative d'exploration de la limite entre l'architecture et l'art ». Avec l'assistance de l'ingénieur civil Thomas Beck, il a créé une structure métallique soudée avec revêtement en contreplaqué qui était suspendue par des câbles en acier à la Federkiel Stiftung/Halle 14, à Leipzig, de septembre à novembre 2004, dans le cadre de l'exposition *Xtreme Houses*. L'extérieur du bloc était revêtu de Betoplan (contreplaqué extérieur à surface en résine absorbante). La Rucksack House a également été présentée à Cologne en septembre 2005 à l'occasion du symposium *Plan05 – Forum d'architecture contemporaine*.

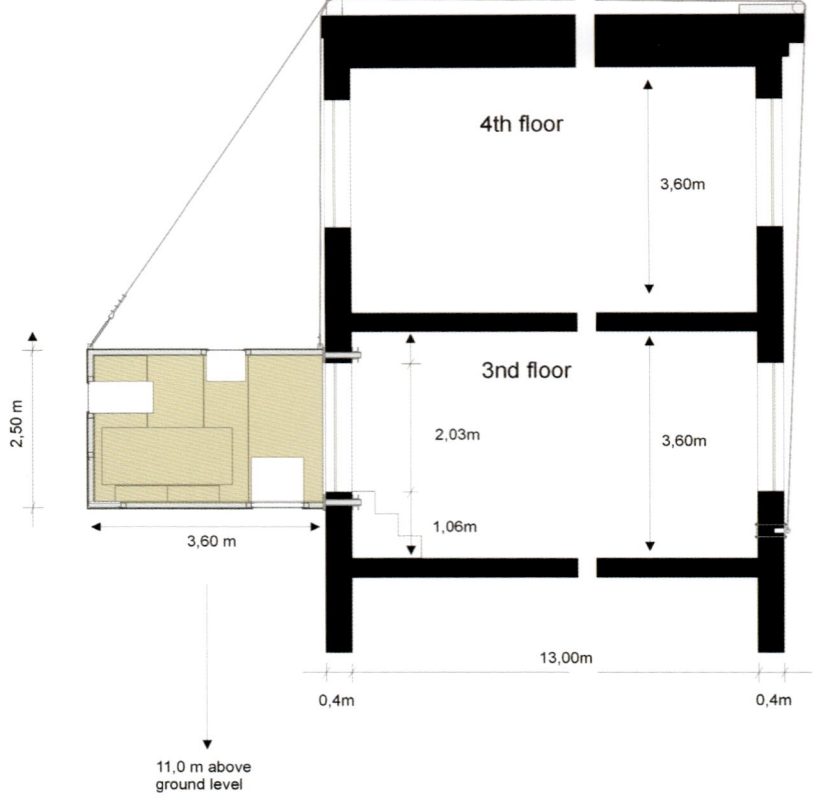

SDFG Apartment
Appartement SDFG

Montreuil, France **Frédéric Gams Architecte**

Completed in 2004, this reconstruction of a 52-square-metre apartment cost €37,000. Given the size of the space, the kitchen also serves as an entrance, leading to a bedroom, bathroom and living room. Plaster block walls, varnished oak flooring and colourful particleboard surfaces in the kitchen, bedroom and bathroom give the apartment a light, airy feeling that does not immediately bring to mind the usual half-hearted renovations that are frequent in Paris apartments. Although the scale and nature of the intervention in this instance are modest, the architect sees the use of blocks of furniture as having a relationship to such prestigious examples as Glenn Murcutt's *Fletcher-Page House,* John Pawson's *Rothman Apartment*, or Shigeru Ban's *Furniture House 1*.

Achevée en 2004, cette reconstruction d'un appartement de 52 mètres carrés a coûté 37 coucher, la salle de bains et la salle de séjour. Les murs en blocs de plâtre, les planchers en chêne vernis et les surfaces en aggloméré aux couleurs vives de la cuisine, de la chambre à coucher et de la salle de bains, donnent à l'appartement une sensation de lumière et d'espace qui ne font pas penser tout de suite aux timides rénovations qui sont fréquentes dans les appartements parisiens. Bien que l'échelle et la nature de l'intervention soient modestes dans ce cas particulier, l'architecte voit l'utilisation de blocs-mobilier comme ayant un rapport avec des exemples prestigieux comme la *Fletcher-Page House* de Glenn Murcutt, le *Rothman Apartment* de John Pawson et la *Furniture House 1* de Shigeru Ban.

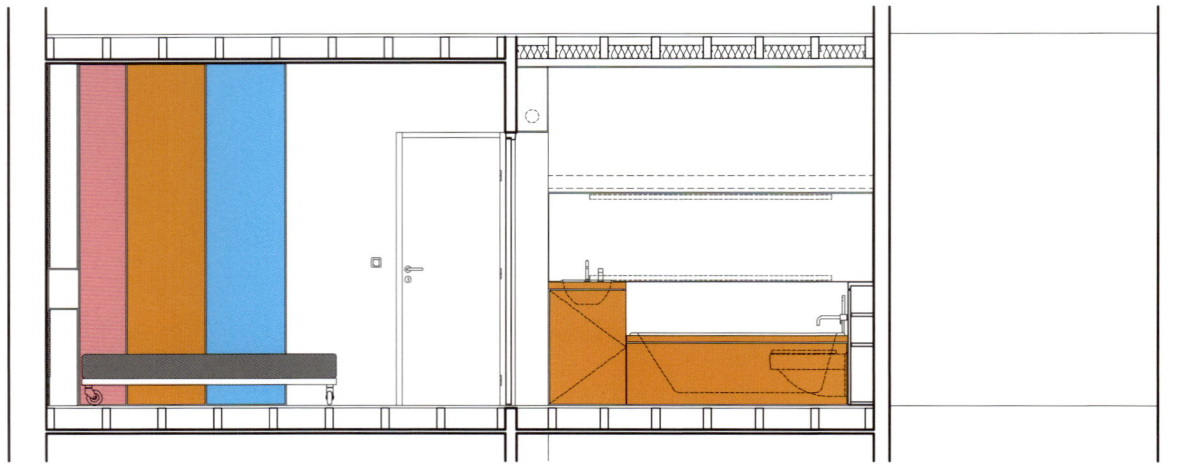

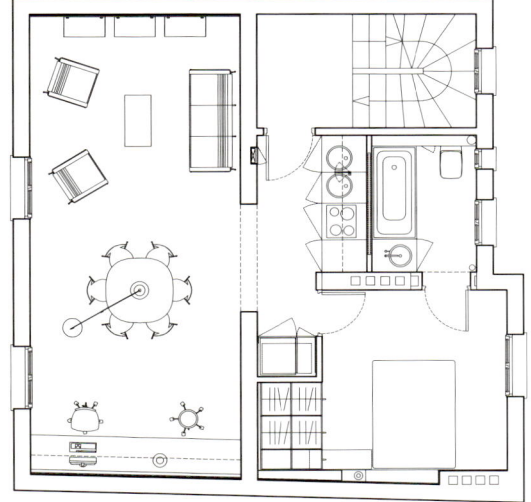

Se(eh)station

Kärnten, Austria   **baumraum**

This is a truly small space, measuring just 9.5 square metres for the body of the structure and 14 square metres for the terrace. Andreas Wenning was born in 1965. He studied cabinet making in Weinheim, Germany (1982–85), architecture at the Technical University of Bremen where he obtained his degree in 1995. He created his own office, baumraum, specialising in the design and construction of treehouses and 'grabnet' rope structures, in Bremen in 2003. This lookout cabin located in the Austrian province of Carinthia is a freestanding tower built on a hillside property above the town of Seeboden. The design consists of a cabin structure and two terraces at different levels. Built on props, the cabin is integrated into the small trees that surround it. The view from the terrace through the panoramic window towards Lake Millstatt is breathtaking.

Le Baumraum est un espace minuscule qui mesure à peine 9,5 mètres carrés pour le corps de la structure et 14 mètres carrés pour la terrasse. Andreas Wenning est né en 1965. Il a fait des études d'ébénisterie à Weinheim, en Allemagne (1982-85) et d'architecture à l'université technique de Brême où il a obtenu sa licence en 1995. À Brême, en 2003, il a créé son propre bureau, le Baumraum, spécialisé dans la conception et la construction de cabanes dans les arbres et de structures en corde « grabnet ». Cette cabane d'observation, située dans la province autrichienne de Carinthie, est une tour indépendante construite sur une propriété à flanc de coteau qui surplombe la ville de Seeboden. Le plan comprend une structure de cabane et deux terrasses situées à des niveaux différents. Construite sur des étais, la cabane se fond dans les arbustes qui l'entourent. La vue de la terrasse, par la fenêtre panoramique, vers le lac Millstatt est époustouflante.

Shingle House

Övre Gla, Sweden   24H Architecture

This extension to a house on lake Övre Gla in the Glaskogen nature reserve in Sweden was designed by and for the architects Maartje Lammers and Boris Zeisser. Required by building regulations to add no more than the existing floor area of a 19th-century cabin on the site, the architects chose to create a structure with a floor area that can be increased temporarily in summer. As the architects describe the project, 'The organic shape of the house blends naturally into the setting of the rough forest. Traditional roofing materials (*stickor*), that were common in Sweden many years ago, were used in a contemporary way. Cedar from Canada was chosen because it needs no maintenance. In due time the wood will have a grey appearance fitting itself smoothly in the rough rocky forest landscape. The amorphous structure with the hornlike chimney and the undulating lines of cedar shingle skin lends the building a reptilian appearance.' When this cabin opens fully in the summer, its living area extends above the neighbouring stream, a homage it seems, to Frank Lloyd Wright's *Fallingwater*.

Cet agrandissement d'une maison sur le lac Övre Gla, dans la réserve naturelle de Glaskogen, en Suède, a été conçu par et pour les architectes Maartje Lammers et Boris Zeisser. Contraints par les règlements de construction à ne pas ajouter plus que la surface au sol existante d'une cabane du 19e siècle érigée sur le site, les architectes ont décidé de créer une structure dotée d'une surface au sol qu'il est possible d'augmenter temporairement en été. Laissons les architectes décrire le projet : « La forme organique de la maison se fond naturellement dans le cadre de la forêt accidentée. Des matériaux de couverture traditionnels (*stickor*), qui étaient courants autrefois en Suède, ont été utilisés de façon contemporaine. On a choisi du cèdre du Canada parce qu'il n'a pas besoin d'entretien. Avec le temps, le bois prendra un aspect gris qui se fondra imperceptiblement dans le paysage accidenté et rocailleux de la forêt. La structure amorphe avec la cheminée en forme de corne et les lignes sinueuses de l'enveloppe en bardeaux de cèdre donne au bâtiment une apparence de reptile. » Lorsque la cabane s'ouvre pleinement en été, sa zone de séjour enjambe le ruisseau voisin, en hommage, dirait-on, à la *Fallingwater* house de Frank Lloyd Wright.

153

Sienna Apartments

Evanston, Illinois, USA **Roszak/ADC**

This two-bedroom apartment measuring 84 square metres is part of a four-building, eight-storey condominium complex being erected near Chicago by architect Thomas Roszak. The arrangement of the apartment provides privacy from the master bedroom, whether the second bedroom is used as a study, or perhaps for a child or roommate. The living area is open to the kitchen and to the outdoor terrace. This is a penthouse unit located on the eighth floor. The surfaces throughout the apartment are usually reflective; glass on the walls, resin-coated ceiling tiles and hi-gloss recycled wood floor.

Cet appartement à deux chambres mesurant 84 mètres carrés fait partie d'un complexe de quatre immeubles en copropriété à huit étages en train d'être construit près de Chicago par l'architecte Thomas Roszak. L'aménagement de l'appartement permet de s'isoler dans la chambre principale, que la seconde chambre fasse office de bureau ou de chambre pour un enfant ou un(e) colocataire. La zone de séjour s'ouvre sur la cuisine et la terrasse extérieure. L'appartement est un duplex situé au dernier étage. Les surfaces dans tout l'appartement sont réfléchissantes pour la plupart – verre sur les murs, carreaux de plafond enduits de résine et plancher en bois recyclé brillant.

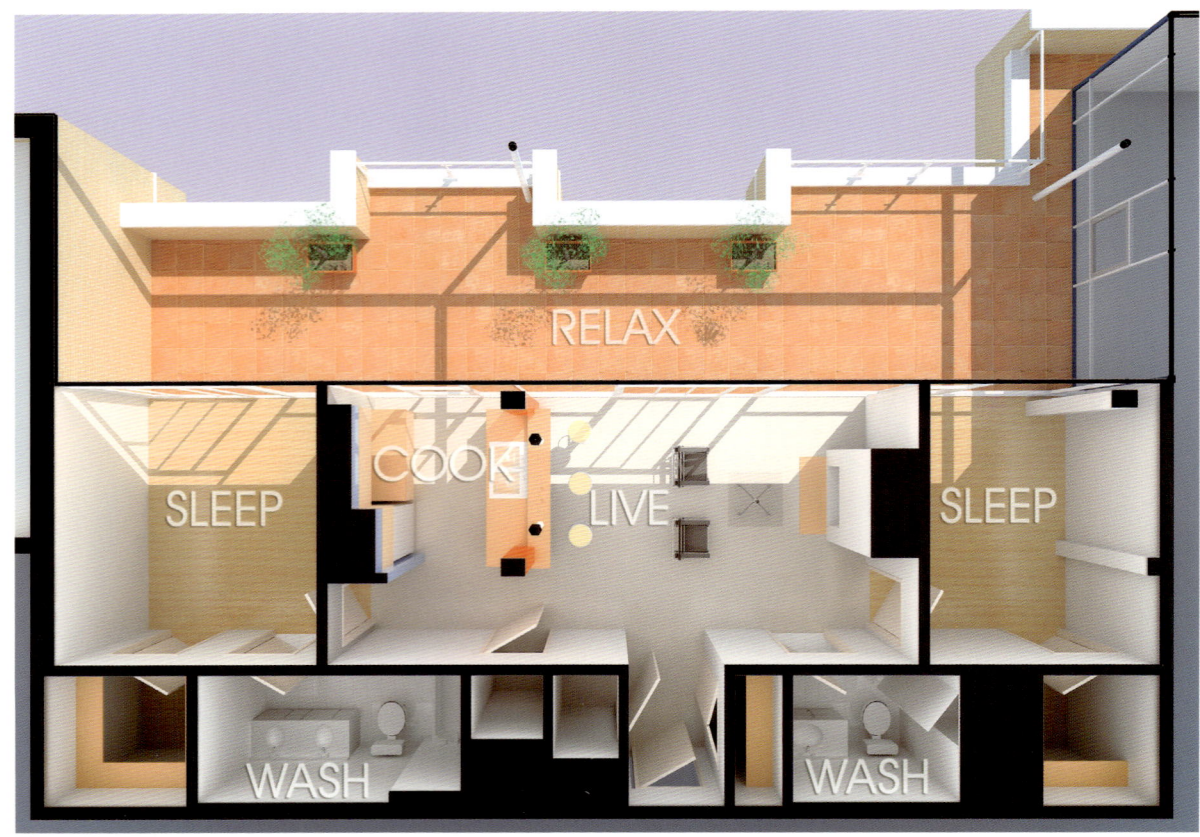

Standard Chartered Bank Pavilion

Kuala Lumpur, Malaysia T.R. Hamzah & Yeang Sdn Bhd

This is a one-storey, 50-square-metre customer service booth for a local bank set at a strategic shopping location in the Malaysian capital. Architect Ken Yeang, a well-known, environmentally conscious figure in Malaysia, intentionally gave the structure a 'visually prominent design' although it maintains a decidedly human scale and 'blends in with the surrounding landscape.' Built of glass and steel, the structure has an 'organic shape' and uses sophisticated cooling methods to avoid extensive air conditioning equipment. The air curtain at the entrance of the enclosed section of the pavilion for example, has jets that emit a spray of water that evaporates and cools the space.

Ce « pavillon » est un point de service clients de 50 mètres carrés pour une banque locale situé à un emplacement commercial stratégique dans la capitale malaisienne. L'architecte Ken Yeang, figure bien connue, soucieuse de l'environnement en Malaisie, a délibérément donné à la structure un « dessin visuellement frappant », bien qu'elle conserve une échelle résolument humaine et qu'elle « se fonde dans le paysage environnement ». Construite en verre et en acier, la structure a une « forme organique » et utilise des méthodes de refroidissement de pointe pour éviter un équipement de climatisation important. Le rideau d'air à l'entrée de la section fermée du pavillon, par exemple, est équipé de jets d'eau pulvérisée qui s'évapore et rafraîchit l'espace.

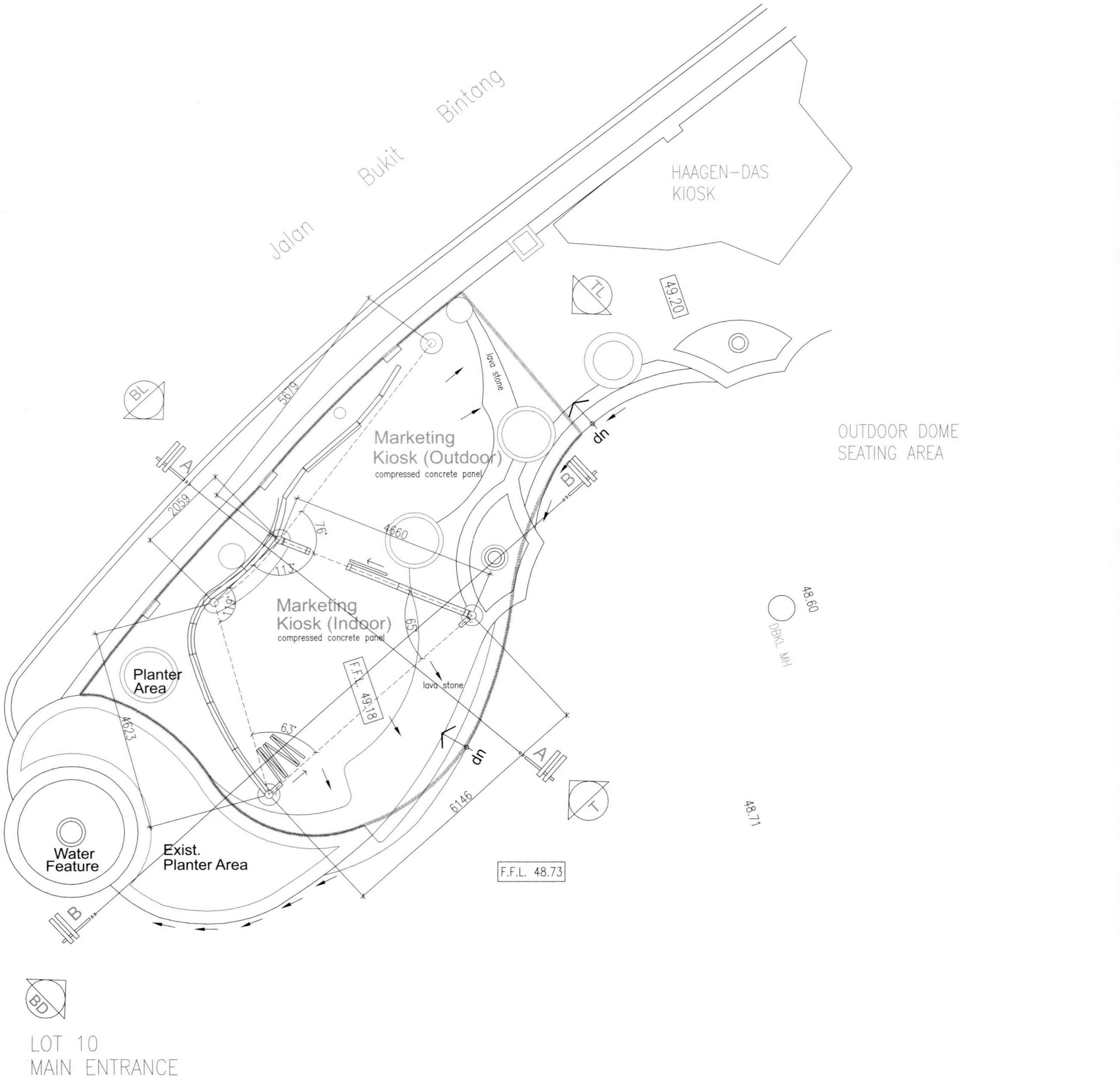
Jalan Bukit Bintang
HAAGEN-DAS
KIOSK
49.20
TL
BL
5679
lava stone
dn
Marketing
Kiosk (Outdoor)
compressed concrete panel
OUTDOOR DOME
SEATING AREA
A
B
2059
76°
4660
113°
110°
Marketing
Kiosk (Indoor)
compressed concrete panel
65
48.60
DBKL MH
F.F.L. 49.18
lava stone
Planter
Area
4623
63°
dn
A
T
6146
48.71
Water
Feature
Exist.
Planter Area
F.F.L. 48.73
B
BD
LOT 10
MAIN ENTRANCE

Video
Projection

Standard Chartered

Kios Kewangan
Price Solutions Financial Kiosk
Credit Cards
Credit Cards
Credit Cards
SMI OneAccount

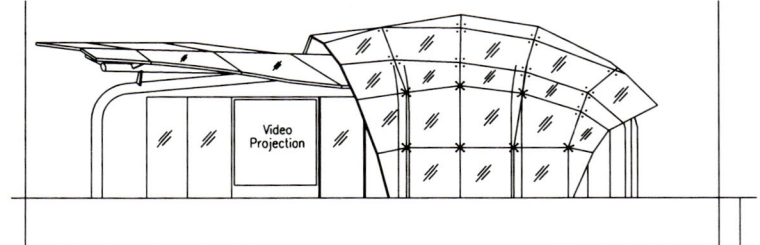

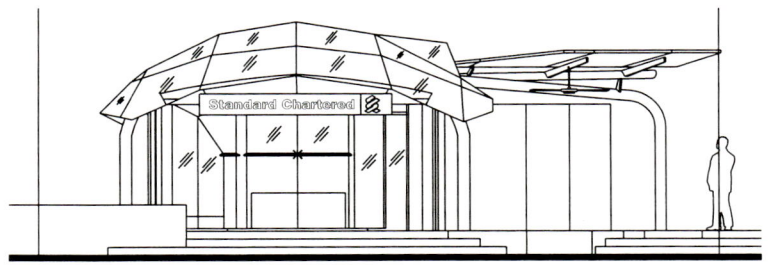

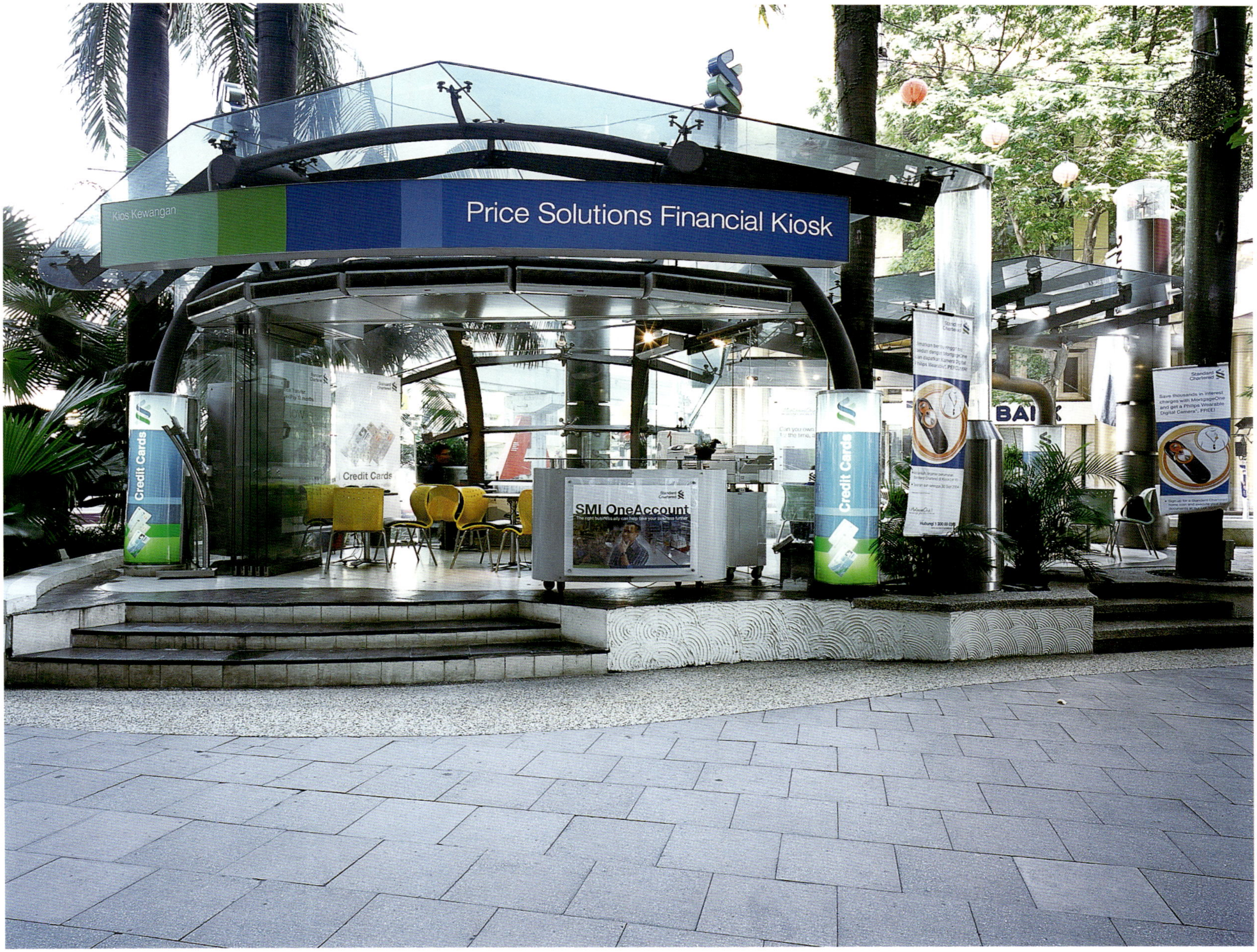

Su-Si House

Portable Home — Johannes Kaufmann Architektur

Designed by the Austrian architect Johannes Kaufmann, these mobile homes weighing 8–12 tonnes are to be transported by truck and erected on site with a crane-truck. They can be installed within five hours and typical production time is five weeks. They are built to the latest technical and environmental specifications, guaranteeing low operating costs, and vary in size from 34 square metres to 55 square metres according to the needs of the client. Prices range from €50,000 to €75,000. As the architect says, 'In addition to private use (one-person house, extra space add-on for a single family dwelling, vacation home), the Su-Si House can be used for commercial purposes (office exhibition space, studio, mobile office for construction sites, etc.).'

Conçus par l'architecte autrichien Johannes Kaufmann, ces mobile-homes d'un poids de 8 à 12 tonnes doivent être transportés par camion et érigés sur place à l'aide d'un camion-grue. Ils peuvent être installés en l'espace de cinq heures et le temps de production typique est cinq semaines. Ils sont construits en conformité avec les spécifications techniques et environnementales les plus récentes, garantissant de faibles coûts d'exploitation, et varient en taille de 34 mètres carrés à 55 mètres carrés en fonction des besoins du client. Les prix varient entre 50 000 € et 75 000 €. Selon l'architecte, « outre l'usage privé (maison pour une personne, extension d'espace pour une résidence monofamiliale, maison de vacances), la Maison Su-Si peut être utilisée à des fins commerciales (espace pour une exposition de bureau, studio, bureau mobile pour les chantiers, etc.) ».

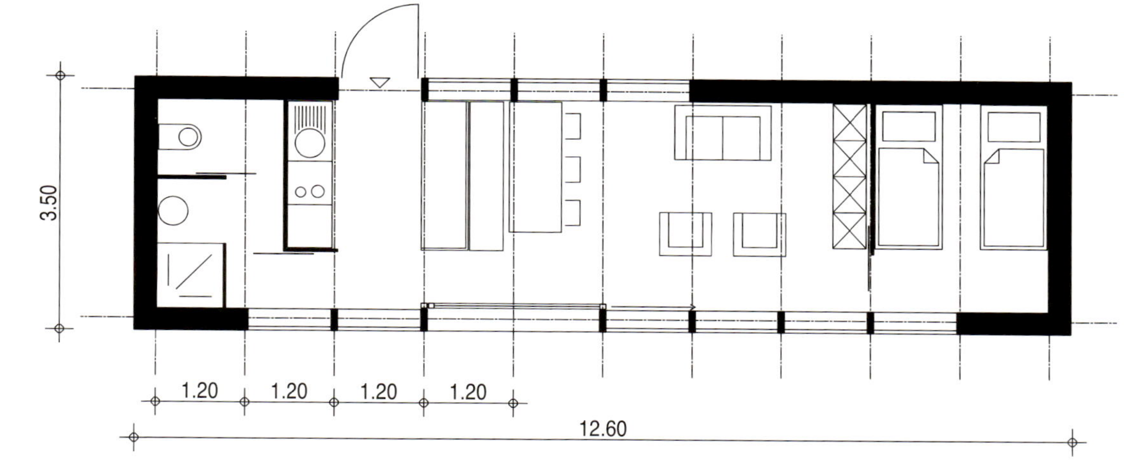

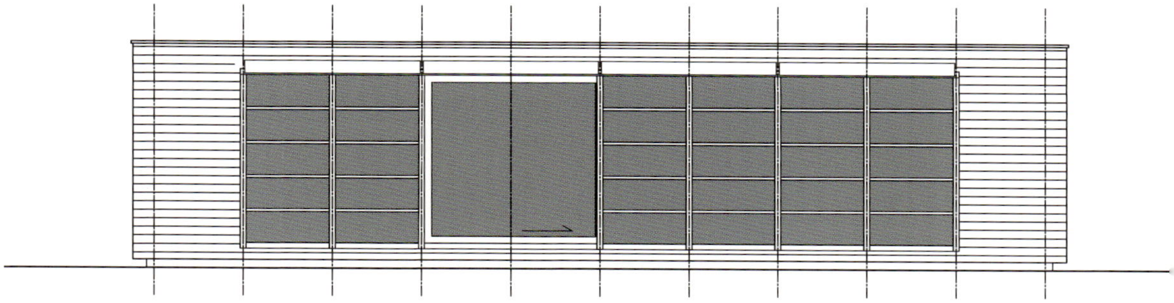

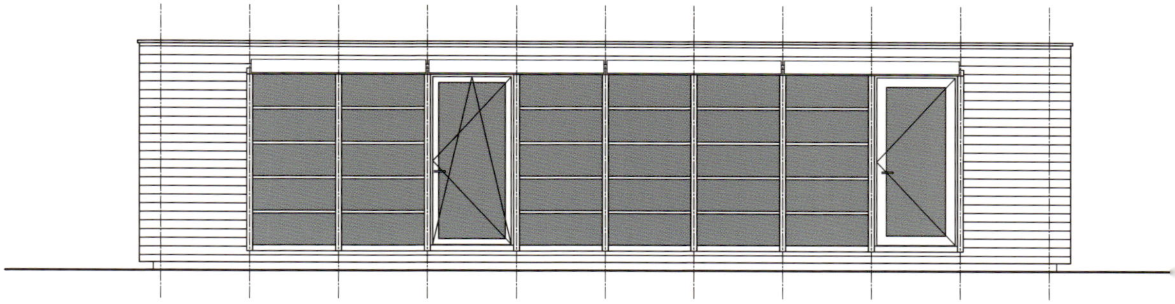

Town House

Hirano, Osaka, Japan   Tadao Ando Architect & Associates

Set in an area of downtown Osaka where a number of traditional row houses built before the Second World War still stand, the 92-square-metre residence is set on a site measuring 120 square metres. It is intended for a young couple and a mother. Two-storey walls enclose the house and protect it from the surrounding area. Living and dining rooms are located on the upper level and there are two bedrooms on the ground floor. Each bedroom has a private courtyard and is independent from the other. A large Zelkova tree grows in the rear courtyard, recalling the Japanese notion that nature can thus be present even in a dense, urban area. A single opening in the perimeter wall allows visitors to go directly to the upper level and the amply lit living room. The bedrooms can be reached only by passing first through this 'public' space. As Ando says, 'Because of the use of the stairs and courtyards to move about, it may be hard to say that this house is purely functional, but my aim was to create a space that offers a richness which one would not want to give up for anything else.'

Implantée dans un quartier du centre d'Osaka où subsiste un certain nombre de maisons en rangée traditionnelles construites avant la Seconde Guerre mondiale, cette résidence de 92 mètres carrés est située sur un site mesurant 120 mètres carrés. Elle a été conçue pour un jeune couple et une mère. Des murs hauts de deux étages enveloppent la maison et la protègent des alentours. La salle de séjour et la salle à manger sont situées au niveau supérieur et il y a deux chambres à coucher au rez-de-chaussée. Chaque chambre dispose d'une cour privative et est indépendante de l'autre. Un grand zelkova pousse dans la cour arrière, attestant la notion japonaise selon laquelle la nature peut ainsi être présente même dans un milieu urbain de forte densité. Une ouverture unique dans le mur périmétrique permet aux visiteurs de passer directement au niveau supérieur et à la salle de séjour amplement éclairée. Les chambres ne sont accessibles qu'en passant d'abord à travers cet espace « public ». Comme le dit Ando, « considérant l'utilisation d'escaliers et de cours pour circuler, il est peut-être difficile de dire que cette maison est purement fonctionnelle, mais mon but a été de créer un espace qui offre une richesse que l'on ne voudrait abandonner pour rien au monde. »

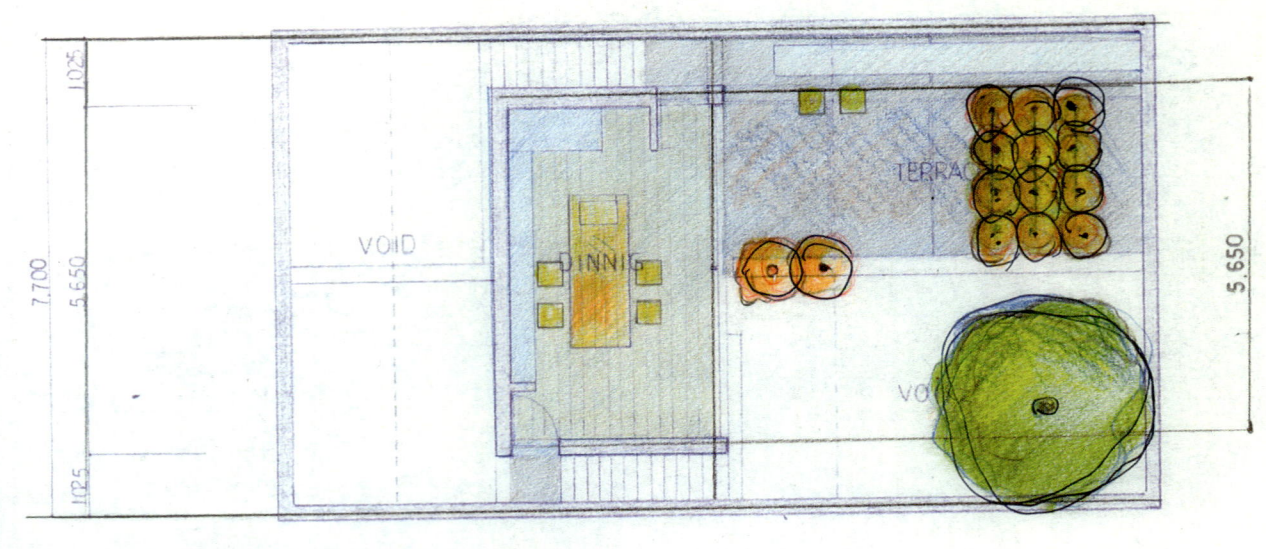
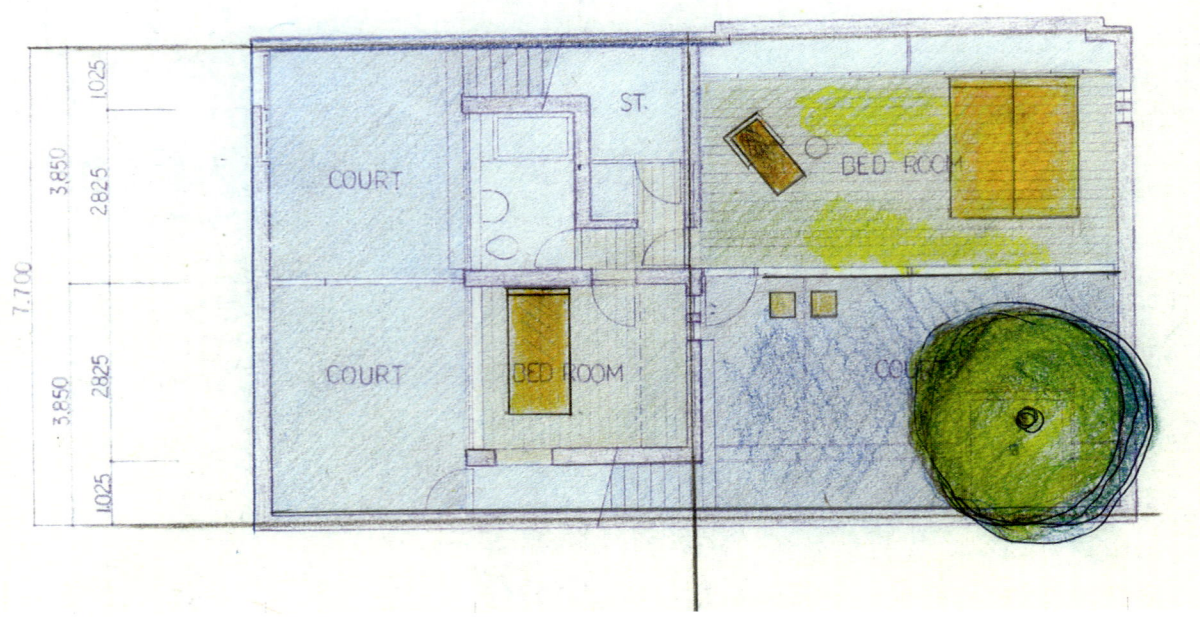

Vacation Residences
Résidences de vacances

Vassivière, Limousin, France **Philippe Rahm architectes**

This unusual project calls for the construction of three groups of 70 vacation houses, each about 70 square metres in floor area. Built on an existing, artificial lake, or on land, these houses would involve an unexpected variation of their internal environment related to the function of each space. Philippe Rahm specializes in architectural environments that play on apparently obvious elements such as the oxygen content of the air or, the difference between a Sahara-like 20 per cent relative humidity as opposed to tropical rain forest levels of wetness that can be induced mechanically or through careful control of ventilation. The three groups of houses in this instance are related to the earth (horizontal), the air (vertical) or water (on the lake). Rahm points out that such factors are usually taken entirely for granted, like temperature control that tends to impose a 'universal' standard no matter what the location of the architecture. The austere atmosphere of his computer drawings may owe more to esthetics than to practical coziness, but his thought is at the cutting edge of contemporary architecture.

Ce projet insolite porte sur la construction de trois groupes de 70 maisons de vacances ayant chacune environ 70 mètres carrés de surface au sol. Construites sur un lac artificiel existant, ou sur la terre ferme, ces maisons impliqueraient une variation inattendue de leur environnement interne par rapport à la fonction de chaque espace. Philippe Rahm se spécialise dans les milieux architecturaux qui jouent sur des éléments apparemment évidents comme la teneur d'oxygène de l'air ou la différence entre une humidité relative saharienne de 20 pour cent, par opposition aux niveaux d'humidité des forêts tropicales qu'il est possible de produire mécaniquement ou en régulant soigneusement la ventilation. Les trois groupes de maisons en question sont liés à la terre (horizontale), à l'air (verticale) et à l'eau (sur le lac). Rahm fait remarquer que ces facteurs sont généralement considérés comme allant de soi, comme la régulation de la température qui tend à imposer une norme « universelle » quel que soit l'emplacement de l'?uvre d'architecture. L'atmosphère austère de ses dessins tracés par ordinateur doit peut-être davantage à l'esthétique qu'au confort pratique, mais sa pensée se trouve à l'avant-garde de l'architecture contemporaine.

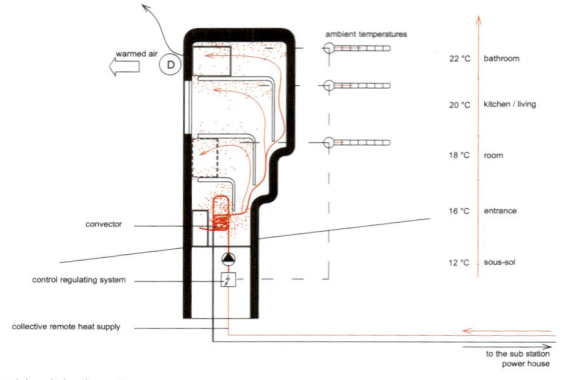

thermal draught heating system

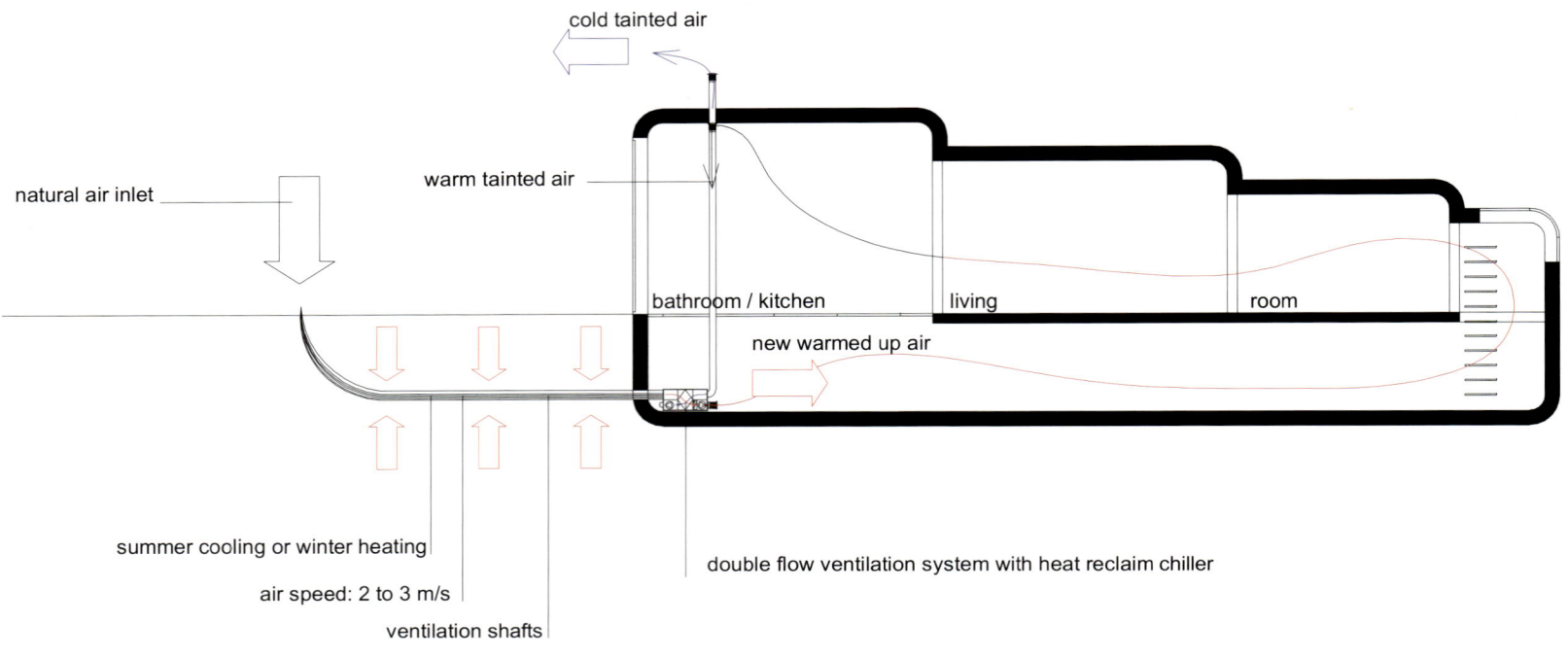

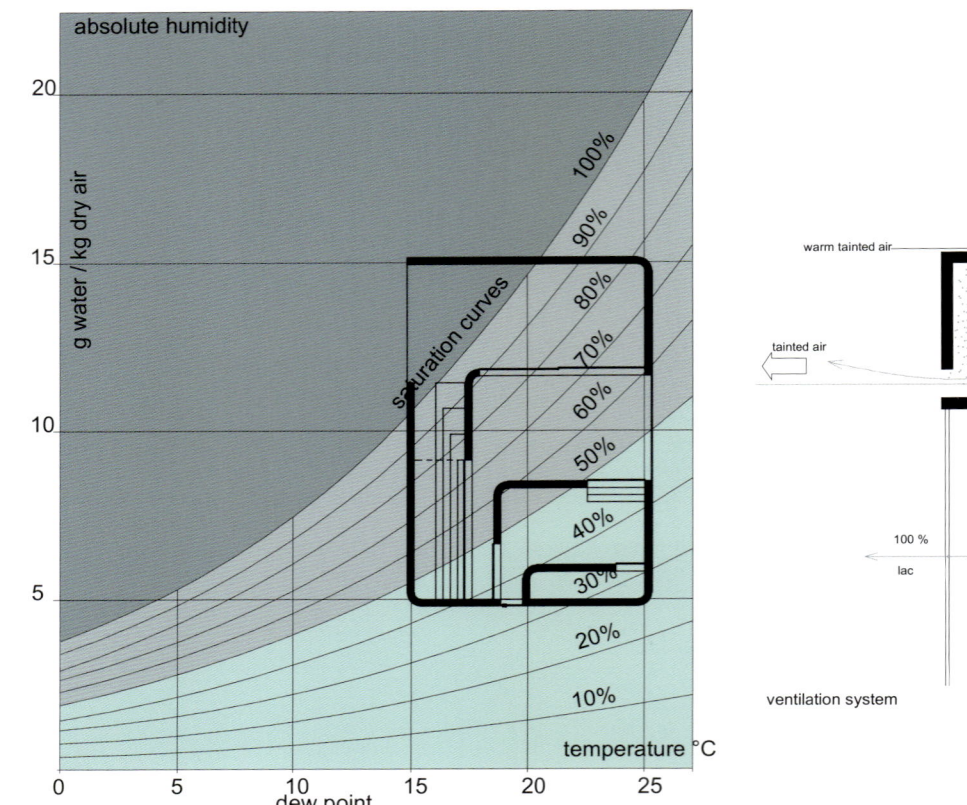
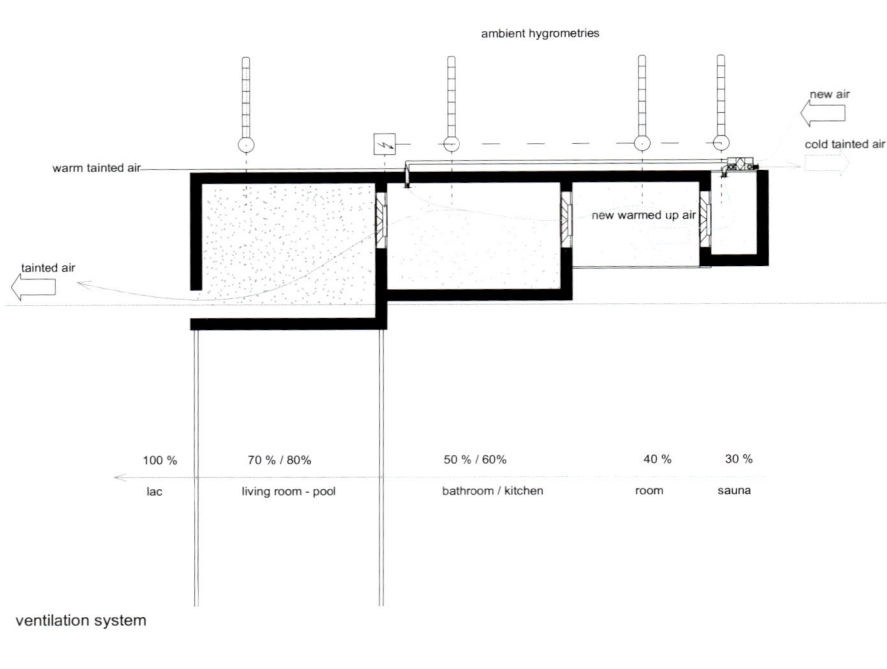

172

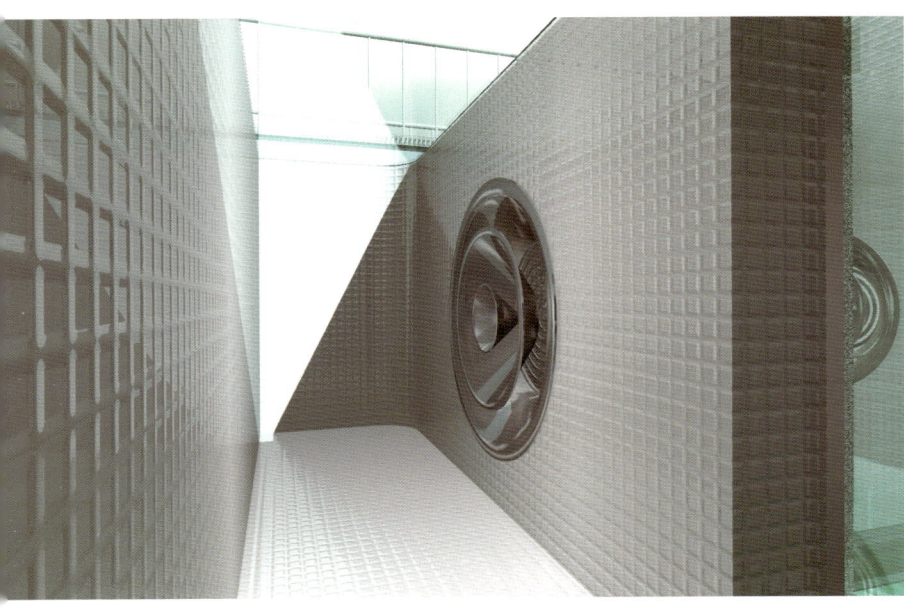

Walden-Wilson Studio

Culver City, California, USA **Johnston Marklee**

Built as a detached addition to a suburban house in west Los Angeles, this studio and garage transforms what the architects call a 'typical vernacular type into a sculptural assembly of three stacked objects – garage/studio/skylight.' Using cement fibreboard panels to clad the structure – recessed windows punctuate each façade with zones for built-in furniture and storage space. Plywood and red oak cabinetry are used inside. The baffled skylight creates changing qualities of both diffused and reflected light. The studio measures 46 square metres while the garage has a surface of 37 square metres. The architectural firm Johnston Marklee was created in 1998 by Sharon Johnston and Mark Lee.

Construits comme pavillon isolé d'une maison des faubourgs de l'ouest de Los Angeles, ce studio et garage transforment ce que les architectes appellent un « style local typique en assemblage sculptural de trois objets empilés – garage/studio/lucarne ». Utilisant des panneaux de fibres de ciment pour revêtir la structure – des fenêtres en retrait ponctuent chaque façade de zones destinées à des meubles encastrés et à l'espace de rangement. Du contreplaqué et des meubles en chêne rouge ont été utilisés à l'intérieur. La lucarne à déflecteurs crée des effets changeants de lumière diffusée et réfléchie. Le studio mesure 46 mètres carrés et le garage a une superficie de 37 mètres carrés. Lcabinet d'architecture Johnston Marklee a été fondé en 1998 par Sharon Johnston et Mark Lee.

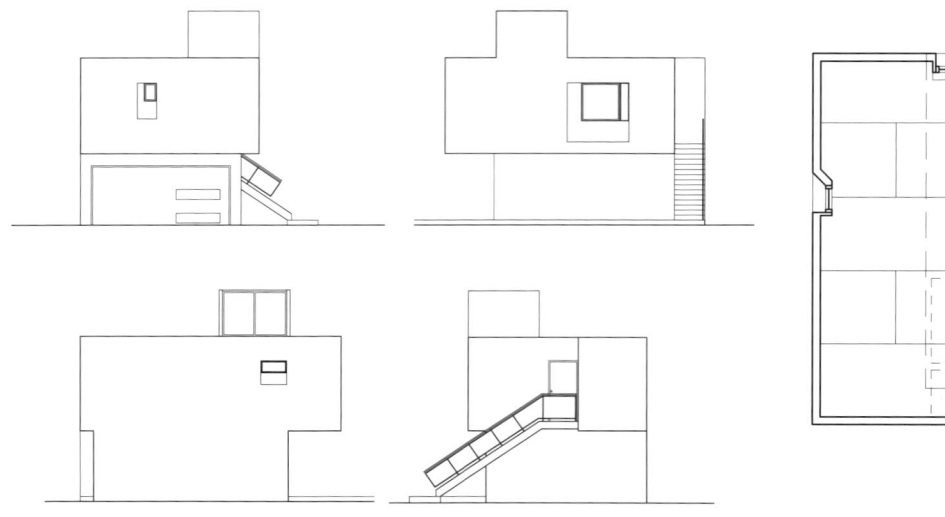
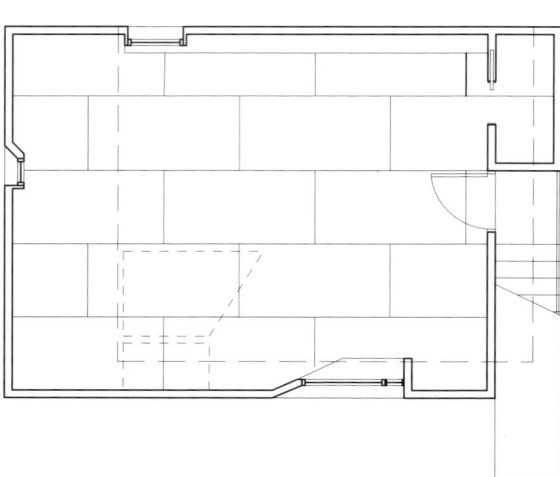

Weekend House

Rossa, Switzerland Davide Macullo, Architetto

Located in the old part of the mountain village of Rossa, this house measures 3.8 by 10 metres. Like the rest of the village, the house is located on the southwest-facing valley slope. As the architect explains, 'Traditional rural building principles serve to fit the new building into its context. Its dimensions, internal and external spatial relationships, dialogue between horizontal and vertical and with the existing buildings reinterpret the spatial tension belonging to this context and its architecture.' The entrance is marked by a new stone terrace, and uses two concrete load-bearing walls. There are three levels – a basement, the ground floor for living, cooking and eating and the bedroom upstairs. A wood beam roof covered with slate is detached from the load-bearing structure offering a 360-degree-view of the valley.

Située dans la partie ancienne du village de montagne de Rossa, cette maison mesure 3,8 mètres sur 10. Comme le reste du village, la maison est située sur le versant sud-ouest. Comme l'explique l'architecte, « les principes de construction rurale traditionnelle servent à intégrer le nouveau bâtiment dans son contexte. Ses dimensions, les relations spatiales internes et externes, le dialogue entre l'horizontal et le vertical et avec les bâtiments existants réinterprètent la tension spatiale qui appartient à ce contexte et à son architecture. L'entrée est marquée par une nouvelle terrasse en pierre et utilise deux murs porteurs en béton. Il y a trois niveaux – un sous-sol, le rez-de-chaussée pour les zones salon, cuisine et restauration, et la chambre à coucher à l'étage. Un toit couvert d'ardoises sur poutres en bois et indépendant de la structure porteuse offre une vue à 360° de la vallée.

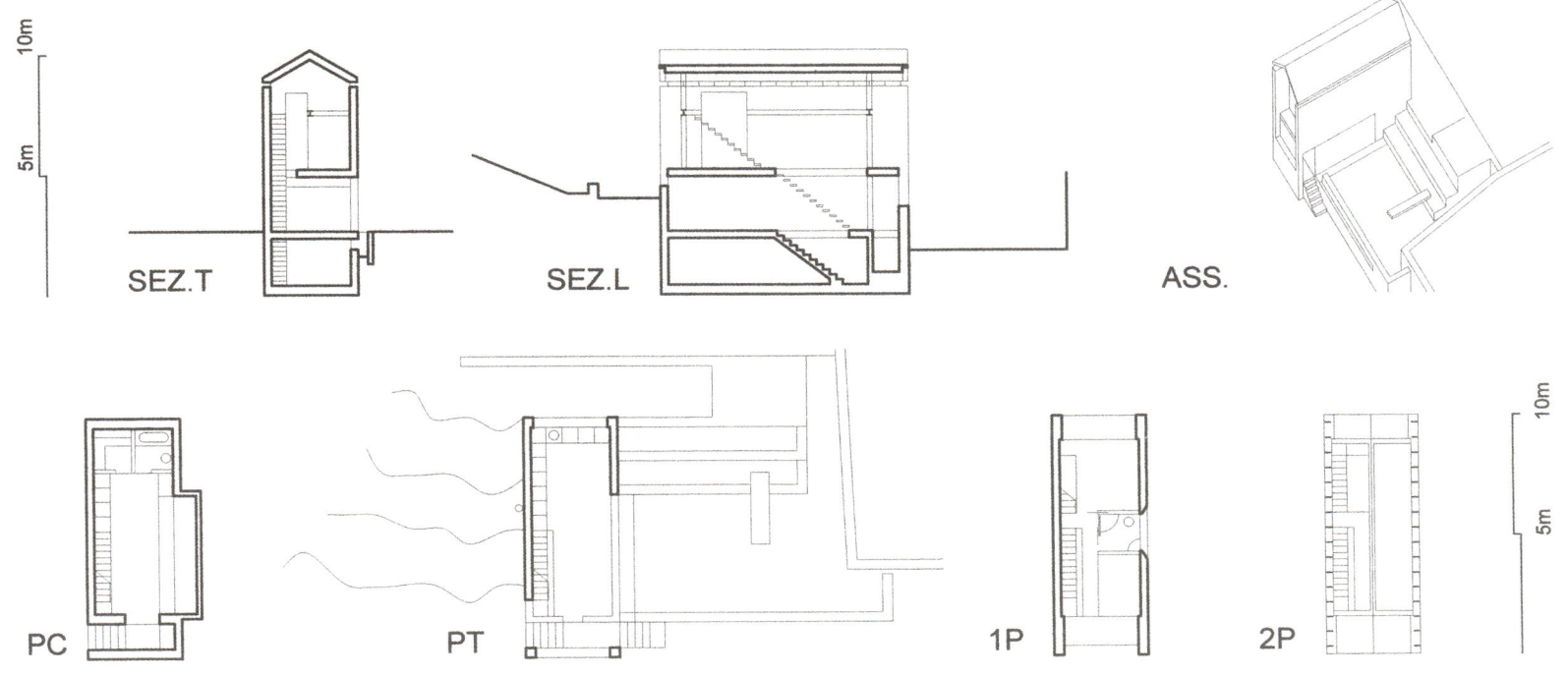

| SEZ.T | SEZ.L | ASS. |

| PC | PT | 1P | 2P |

Whitepod

Switzerland · Sofia de Meyer

Conceived by Sofia de Meyer, a young woman from Vilars, Switzerland offers tourists a chance to spend some time high in the Alps with their own tent, baptised the Whitepod. These are small geodesic domes built of galvanised steel and made to withstand winds up to 200 kilometres per hour. They are clad in waterproof cotton, and although they have no running water, or electricity, they are well heated by a small wood-burning furnace. 2.6 metres high, they offer an interior floor space of 20 square metres with a Perspex window 1.5 by 4.3 metres in size. Though the original location of this enterprise is near Vilars, it is obviously the kind of system that can easily be placed anywhere in the spectacular natural mountain environment.

Conçue par Sofia de Meyer, jeune femme originaire de Vilars, la Suisse offre aux touristes la possibilité de passer du temps haut dans les Alpes dans leur propre tente, baptisée « Whitepod ». Il s'agit en fait de petits dômes géodésiques en acier galvanisé conçus pour résister à des vents allant jusqu'à 200 kilomètres/heure. Ils sont revêtus de coton hydrofuge, et bien qu'ils n'aient ni eau courante ni électricité, ils sont bien chauffés par un petit réchaud à bois. Hauts de 2,6 mètres, ils offrent une surface au sol intérieure de 20 mètres carrés avec une fenêtre en plexiglas mesurant de 1,5 mètre sur 4,3. Bien que cette entreprise soit implantée près de Vilars, le Whitepod est manifestement le genre de système qu'il est facile de placer n'importe où dans l'environnement naturel spectaculaire de la montagne.

Y Atelier

Takane Hokuto, Yamanashi, Japan **Kazuyasu Kochi**

Set on a hill near rice fields, the client requested the possibility of having a view of the fields from his roof and did not want to be bothered with removing snow in the winter. The building tilts towards the rice fields and relies on the sun to quickly melt snow on the flat roof. The structure includes the calligrapher's studio and living space, and is built with prefabricated wood sandwich-panels measuring 7.8 by 1.8 meters each. The austere, tilted form of the structure, coupled with its unexpected rural setting, make this a most unusual house, whose total floor area is 64 square metres.

Implanté sur une colline à proximité de rizières, le client voulait pouvoir voir celles-ci de son toit sans devoir se préoccuper d'enlever la neige en hiver. Le bâtiment s'incline vers les rizières et compte sur le soleil pour fondre rapidement la neige sur le toit en terrasse. La structure comprend le studio du calligraphe et de l'espace vital, et est faite de panneaux-sandwich préfabriqués en bois mesurant chacun 7,8 mètres sur 1,8. La forme inclinée et austère de la structure, ajoutée à l'implantation inattendue à la campagne, en font une maison des plus insolites, avec une surface totale au sol de 64 mètres carrés.

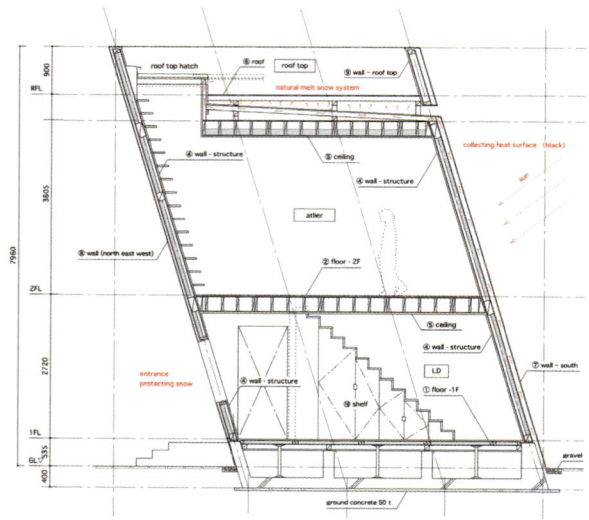

Index by Architect
Index des Architectes

24H Architecture   148–153
     Van Nelleweg 1 - Tabak 2.06
     3044 BC Rotterdam, The Netherlands

Adelaïde Nicola Marchi Architectes   34–35
     82, rue du Faubourg Saint Antoine
     75012 Paris, France

Alexander Gorlin Architects   22–23
     137 Varick Street
     New York, New York 10013, USA

Andreas Fuhrimann/Gabrielle Hächler Architekten   30–33, 136–139
     Hardturmstrasse 66
     8005 Zurich, Switzerland

Architetto Marco Lulli   76–79
     Via Traversa, 6
     57123 Livorno, Italy

Augustin Rosenstiehl – Pierre Sartoux   26–27
     Atelier SoA architectes
     101 rue Damrémont
     75018 Paris, France

Bates Maher   124–127
     22 Lower Rathmines,
     Dublin 6, Ireland

baumraum   146–147
     Andreas Wenning
     Roonstrasse 49
     28203 Bremen, Germany

Buckley Gray Yeoman   72–75, 84–89
     Studio 5.04,
     The Tea Building,
     56 Shoreditch High Street,
     London E1 6JJ, England

Caramel Architekten ZT GmbH   80–83
     Katherl.Haller.Aspetsberger
     Schottenfeldgasse 72/2/3
     A-1070 Vienna, Austria

Cordier, Gelez, Charles and Néouze   28–29
    13, blvd de L'Hôpital
    75013 Paris, France

Davide Macullo, Architetto   176–177
    Via Monte Boglia 7
    6904 Lugano, Switzerland

de Meyer, Sofia   178–179
    Whitepod
    CH-1871 Les Cerniers, Switzerland

Drewes + Strenge Architekten   56–59, 128–129
    Bahnhofstrasse 10
    D – 33442 Herzebrock, Germany

DRY Design   12–13
    5727 Venice Boulevard
    Los Angeles, California 90019, USA

Eberstadt, Stefan   140–143
    Westendstrasse 30
    80339 Munich, Germany

Frédéric Gams Architecte   144–145
    15 rue Martel
    75010 Paris, France

Harden, Philippe   116–117
    7, rue de Crimée
    75019 Paris, France

Hiroshi Hara + Atelier F   54–55
    10-3 Hachiyama-cho, Shibuya-ku
    Tokyo, 150-0035, Japan

Horden Cherry Lee Architects   106–109
    34 Bruton Place
    London W1J 6NR, England

Jakob + MacFarlane   68–71
    13, rue des Petites Écuries
    75010 Paris, France

Index by Architect continued
Index by Architectes (suite)

Jantzen, Michael — 100–105
  27800 N. Mc Bean Parkway, Suite 319
  Valencia, California 91354, USA

Johannes Kaufmann Architektur — 160–161
  Sägerstrasse 4
  6850 Dornbirn, Austria

Johnston Marklee — 174–175
  12248 B Santa Monica Blvd
  Los Angeles, California 90025, USA

Kazuyasu, Kochi — 180–183
  3021-36-21 Takada
  Toshima-ku, Tokyo 171-0033, Japan

Kengo Kuma & Associates — 24–25
  2-24-8 BY-CUBE 2-4F Minamiaoyama
  Minato-ku, Tokyo 107-0062, Japan

Klein Dytham Architecture — 40–43
  AD Bldg 2F, 1-15-7 Hiroo
  Shibuya-ku, Tokyo 150-0012, Japan

LTL Lewis.Tsurumaki.Lewis — 50–53
  147 Essex Street
  New York, New York 10002, USA

Mass Studies — 118–121
  683-140 Hannam 2-Dong, Fuji Bldg. 4F
  Yongsan-Gu, Seoul, 140-892 Korea

Matsumura Architects — 36–39
  1-20-19 Minami-Kugahara
  Ota-ku, Tokyo 146-0084, Japan

NIO architecten — 122–123
  Schiedamse Vest 95-A
  3012 BG Rotterdam, The Netherlands

ONL — 64–67
  Essenburgsingel 94c
  3022 EG Rotterdam, The Netherlands

Philippe Rahm architectes — 168–173
  12 rue Chabanais
  75002 Paris, France

Pyne, Tim   96–99
    The Workhouse, 31 Charlotte Rd
    London EC2A3PB, England

Riken Yamamoto & Field Shop   60–63
    Takamisawa Bld. 7F 2-7-10 Kitasaiwai
    Nishi-ku Yokohama, Japan

Roszak/ADC   154–155
    1415 Sherman Avenue, #101
    Evanston, Illinois 60201, USA

Shuhei Endo Architecture Institute   130–135
    Domus AOI 5F, 5-15-11, Nishitenma, Kita-ku
    Osaka 530-0047, Japan

Slade Architecture   118–121
    150 Broadway, 807
    New York, New York 10038, USA

Stevens, Ross   44–49
    173 Happy Valley Road
    Wellington, New Zealand

Studio Aisslinger   90–91
    Oranienplatz 4
    D-10999 Berlin, Germany

T.R. Hamzah & Yeang Sdn Bhd   156–159
    8 Jalan 1, Taman Sri Ukay, 68000 Ampang
    Selangor, Malaysia

Tadao Ando Architect & Associates   14–21, 162–167
    5-23, Toyosaki 2-Chome, Kita-ku
    Osaka 531, Japan

Waro Kishi + K.Associates/Architects   92–95
    4F Yutaka Bldg. 366 Karigane-cho, Nakagyo-ku,
    Kyoto, 604-8115, Japan

Wingårdhs   110–115
    Kungsgatan 10A
    S-411 19 Göteborg, Sweden

Photography Credits
Crédits photographiques

Altenburger, Stefan	30–33	Lindman, Åke E:son	110, 113–115
Ano, Daici	24–25, 40–43, 180–183	Longechal, Bénédicte	26–29
Bodmer, Mancia	30–33	Lulli, Marco	76–79
Borel, Nicolas	68–71	Martinez, Ignacio	160–161
Caramel Architekten Zt GmbH, courtesy of	80–83	Matsuoka, Mitsuo	14–21, 162–167
Dirand, Jacques	116–117	Moran, Michael	50–53
Eid-Sabbagh, Yasmine	34–35	Motonishi, Michikazu	60–63
Freeman, Simon	178–179	Musi, Pino	176–177
Fuhrimann Hächler Architekten	136–139	NIO architecten, courtesy of	122–132
Gams, Frédéric	144–145	ONL	64–67
Gorlin, Alexander	22–23	Otsuka, Koichiro	60–63
Hara, Hiroshi	54–55	Prohl, Undine	12–13
Hornstein, Octavianne	142	Pyne, Tim	96–99
Hufton & Crow	72–75, 84–89	Rahm, Philippe	168–173
Jäenicke, Steffen	90–91	Richters, Christian	56–59, 128–129, 148–153
Jantzen, Michael	100–105	Roszak/ADC; Wallin-Gomez Architects	154–155
Jardine, Alastair	146–147	Schäfer Hana	140, 141, 143
K.L. Ng Photography	156–159	Shuhei Endo Architecture Institute, courtesy of	130–135
Kavanagh, Ros	124–127	Silverman, James	111–112
Kida, Katsuhisa	36–39	Staudenmaier, Eric	174–175
Kletzsch, Sascha	106–109	Stevens, Ross, courtesy of	44–49
Kwan Kim, Yong	118–121	Suzuki, Hisao	92–95

Acknowledgments
Remerciements

I would like to thank my wife, Alexandra for her help and patience.
Je tiens á remercier ma femme, Alexandra, de son aide et da sa patience.